销售管理体系与实战案例

丁兴良/主编

销售之**"天龙八部"**与**"葵花宝典"**

经济管理出版社

ECONOMY & MANAGEMENT PUBLISHING HOUSE

图书在版编目（CIP）数据

销售管理体系与实战案例：销售之"天龙八部"与"葵花宝典"/丁兴良主编. —北京：
经济管理出版社，2024.3
ISBN 978-7-5096-9555-5

Ⅰ.①销… Ⅱ.①丁… Ⅲ.①销售管理—管理体系—研究 Ⅳ.①F713.3

中国国家版本馆 CIP 数据核字（2024）第 021230 号

策划编辑：勇　生
责任编辑：赵天宇
责任印制：许　艳
责任校对：张晓燕

出版发行：经济管理出版社
　　　　　（北京市海淀区北蜂窝 8 号中雅大厦 A 座 11 层　100038）
网　　址：www. E-mp. com. cn
电　　话：（010）51915602
印　　刷：北京晨旭印刷厂
经　　销：新华书店
开　　本：720mm×1000mm/16
印　　张：16.25
字　　数：305 千字
版　　次：2024 年 3 月第 1 版　　2024 年 3 月第 1 次印刷
书　　号：ISBN 978-7-5096-9555-5
定　　价：68.00 元

一、案例学习是最好的老师

"案例学习是最好的老师",借鉴他人的经验,避免他人的失败,为我所用。对于销售人员而言,销售失败是常态,销售成功仅仅是概率而已。资深销售人员往往成功概率比较高,在35%以上,然而一般销售人员的成功概率往往仅有15%~20%,看上去差别不大(20%左右),然而,经过研究发现,提升1%的成功概率其实就非常困难了,这需要在不断的学习与实践之中磨炼才能达成,有的人需要1年,有的人需要10年,甚至更久,这取决于自身的悟性与不断的练习,例如,一般销售人员往往是推销导向,而非客户导向;又如,一般销售人员往往与客户的沟通时间在15分钟就结束了,而资深的销售人员往往在45分钟以上;再如,一般销售人员往往给予客户太多的压力而促使成交,导致客户后续反悔,而资深的销售人员往往轻松愉悦地成交;等等。

因此，我们需要研究资深的销售人员，特别是要研究他们为什么成功概率比较高，背后的原因是什么。能否总结他们的销售规律，梳理出他们的销售流程，提炼出他们的销售技巧，刻画出他们的销售话术，领悟出他们的一招一式……让想成功的销售人员或期望提升销售成功率的销售人员能够学习、借鉴、提升、改善、应用。这或许才是最好的学习方式。

我们整理了 49 个案例，有跨国公司的成功案例，有大型民企的失败案例，有波澜壮阔的真实故事，也有凤凰涅槃般的故事情节，有三十六计的案例展现，有自以为是的惨重失败，有看似败局的浴火重生。这些经典的案例，这些活生生的故事，就发生在我们身边，让你进行复盘学习、总结提炼、为我所用。

重要的是这 49 个经典案例不是简单的拼凑，而是依据业务开发与维护的两套体系（简称"天龙八部"），结合每一个里程碑来整理规划，并且每一个经典案例的背后，有具体的方法论、策略库、技能与话术（简称"葵花宝典"），因为我们遵循了案例分析的六个步骤"案例前言—案例背景—组织架构—案例描述—案例分析—案例延伸"，把每一个案例做成一个经典的分析体系，以使读者可以更好地学习、感悟，从而提升自己的销售成功率。

最后，我想说：每一个销售案例并不具备完全的可复制性，但其中体现的销售成功的规律，往往是许多资深的销售人员验证过的经验，我认为非常具有指导意义，更有借鉴价值。我相信，这本书是值得你拥有的，更值得你让身边更多的人来学习。

二、案例分析的六个步骤

案例分析是最好的学习方法，理由有三点：

第一，案例是身边的销售人员经历的真实故事，非常生动鲜活，富有场景化，仿佛就是自己的故事一样，很容易理解并接受。

第二，案例分析往往是透过现象看本质，找出背后隐藏的风险或成功的规律，可以让人找到成功的理由或失败的原因，告诫自身如何应对，甚至举一反三。

第三，案例分析往往是资深的销售人员或专业顾问整理出的经验总结，对一般的销售人员非常有借鉴性，学习他人浓缩的精华，对自我的提升非常有益，可以起到事半功倍、醍醐灌顶的作用。

因此，我根据销售人员的学习习惯编写本书，让读者可以从中轻松地学习、借鉴、领悟，进而超越，我认为：案例分析是最好的学习方法。

➤ 案例分析的六个步骤

究竟采用哪种分析方法，分析到何种深度，在很大程度上取决于分析者对整个案例所采取的分析角度和在案例中所扮演的角色。但不论你的具体分析角度如何，这里向读者提供一个实用性很强、既简单又有效的分析步骤，如图 0-1 所示。

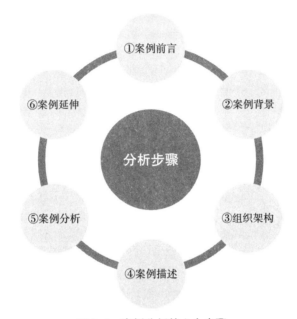

图 0-1　案例分析的六个步骤

具体分解如下：

第一步，案例前言。

在案例分析的过程中，要针对案例进行前期的引导，为案例描述做好铺垫。本书中的案例前言，我们并没有做过多的引导，只把问题梳理出来，大致介绍案例的基本概况便引出问题。它的主要作用在于给读者一种方向性的引导，便于读者在阅读前了解案例的大概情况或者引起读者的好奇心。

第二步，案例背景。

在这个环节中，我们要对整个案例的背景进行详细介绍，如案例中涉及的产品规格、品种，以及竞争对手的情况，只有这些信息描述清晰了，才能在后期案例分析中更透彻地分析客户所遇到的问题，以及要重点攻破哪些环节等信息。

第三步，组织架构。

在组织架构环节中，我们要清晰地划分客户在这个项目中所扮演的角色，分析每个角色的作用，以及这些角色在这个项目中能够帮助我们多少。不要小看扮演角色的任何一个人，很有可能一个微不足道的小角色就能帮助您获得意想不到的信息。而有些扮演的角色看起来似乎是重量级的人物，在最后关头，却发现他不过是个"大忽悠"，让您错失了很多原本可以把握的机会。所以在这个环节，一定要非常重视。

第四步，案例描述。

针对案例发生的经过，进行详细的描述，力求让每一位读者都进入一种真实的案例现场状态。感同身受，是我们案例描述的主要目标。在本环节，我们采用多种方式进行案例的描述，给读者多一些视角去看案例。我们清晰地划分每个案例所描述的每一阶段，利用我们"天龙八部"的流程，详细分析，这样读者可以在总结规划的过程中，结合自己的思路，很清晰地总结出这个案例能在自己的生活中起到什么作用。

第五步，案例分析。

针对所描述出来的经典案例进行多元化角度分析，引导读者思考问题的方式。它的主要目标是让读者学会系统分析的流程。在此环节，我们会使用很多分析工具，比如 SWOT、STP、TOC 等分析工具，并用这些工具的分析方法来分析案例，给予读者一种 MBA 课程的真实感。使读者掌握分析问题的程序和逻辑，提高分析质量，降低决策失误，从根本上摆脱"拍脑袋"的分析方式，树立起良好的分析问题习惯。

第六步，案例延伸。

案例回顾及引发其他的思考。分析完每个案例，本书都会附上案例延伸，主要的目的在于：

（1）扩展读者的思维。扩展读者在案例中的新思维，起到举一反三的效果，丰富读者的知识量。

（2）加深对案例的印象。通过案例的延伸再回过头来看案例，能使读者对案例加深印象，从而达到温故而知新的效果。

因此，如果对于每一个真实的故事、每一个身边的案例都运用这六个步骤进行分析，那么读者将会感到受益良多，可以让读者更快地学习、消化、实践、运用、提升。本书值得用心阅读，并值得推荐给身边所有需要的人。

目录
Contents

"天龙八部"：销售管理体系篇

引言：销售管理体系（简称"天龙八部"）是一个标准化的流程体系，每一个里程碑必定有一些经典的方法与策略（简称"葵花宝典"），我们不能期望一蹴而就，而要耐得住寂寞，方可有大成。

"葵花宝典"：销售实战案例篇

引言：在项目执行的过程中，信息收集是整个业务流程的输入基础，拜访客户验证既有信息与挖掘有价值信息，可以有效帮助销售人员抓住这一阶段的工作核心要点：通过对目标客户的筛选，找出意向客户。

第三章　"葵花宝典"之二：项目立项 ……………………… **45**

引言：在工业品销售当中，立项的最终目的是成为客户选定的候选供应商，做好后面销售阶段的铺垫。要是立错了项目，为此而付出的人力和财力自然会成为企业的负担。项目立项不仅能够了解客户信息，给客户留下好的第一印象，更能够让客户知道产品/服务带给他的价值，更重要的是项目立项的目的是向下一个环节迈进。

第四章　"葵花宝典"之三：深度接触 ……………………… **57**

引言：并不是所有客户方的人员都是我们要联络的对象，只有能够帮助我们推进销售流程、拿下销售项目、获得销售订单的人员才是我们的客户方联络对象。深度接触的关键在于成功发展教练，并通过其了解隐形的客户关系图。能否确保项目运作的顺利进行，发展教练在前期尤为重要。

第五章　"葵花宝典"之四：方案设计 ……………………… **73**

引言：客户对我们提出方案设计的要求，某种意义上说是为了考察我们是否具备完成项目的能力。我们应竭尽全力完成需要解决的方案，并且通过不断的沟通，完善我们的设计方案，使方案满足客户的要求。这可以让我们在客户面前展示我方在方案设计方面的优势，展现我们的工作风格和尽心尽力为客户服务的工作态度。

标、拿到订单为本阶段工作的核心要点。本阶段还应时刻关注竞争对手的动向，尤其是竞争对手的报价，在答疑时对于我方价格比其高/低都应有凸显我方优势的解答。

第十章　"葵花宝典"之九：商务谈判 ………………… **153**

引言：商务谈判必须要遵守的原则：让客户变成我们的长期合作伙伴。要想成为长期合作伙伴，最好的办法就是让双方都成为交易的赢家。换句话说，我们与客户在协商之后，都应该觉得各自获得了成功，这才是真正的谈判高手。

第十一章　"葵花宝典"之十：签订合同 ………………… **167**

引言：在合同签订前需重点关注两点：一是关注合同签订的进展情况，防止发生意外；二是如何规避合同风险。如果是对方草拟的合同文本，要注意规避合同陷阱，如货到后付款、不能按时到货罚款等，积极为我方争取到最有利的条件。

第十二章　"葵花宝典"之十一：关系维护 ………………… **181**

引言：加强日常的拜访，做好内外部的协调工作，关注客户的发展动态，做好风险评估，平衡客户内部各部门的关系，组织公司的资源，做好必要的商务活动，为增量或后续项目的衍生做很好的铺垫。

"天龙八部"：

销售管理体系篇

| 第一章 |
销售管理体系的实战运用

> 引言：销售管理体系（简称"天龙八部"）是一个标准化的流程体系，每一个里程碑必定有一些经典的方法与策略（简称"葵花宝典"），我们不能期望一蹴而就，而要耐得住寂寞，方可有大成。

第一节　案例：如何巧取 3000 万元大单

我们以往的销售业务，往往是没有步骤、缺乏规划的，并且很难总结出标准化的体系，导致销售人员总认为，销售是没有规律的，是一人一个样、千人千面的，是不可模仿、很难学习的，进而许多的经验停留在资深的销售人员脑海之中，无法总结提炼。

然而，这种看法真的确切吗？在我看来，未必如此。因此，我们要不断地研究资深销售人员，他们是如何做业务的，如何做服务的，如何让客户心甘情愿地买单的，如何让客户多次复购的。最后，我们发现销售可以分为两套体系：一套体系是业务开发环节，即销售签单环节；另一套体系是维护上量环节，即服务销售环节。甚至我们可以把每一套体系再次分解，形成一定的规律或步骤，例如：业务开发环节，我们可以分为信息收集、客户立项、深度接触、方案设计、技术交流、方案确认、高层公关、组织投标、商务谈判、签订合同等里程碑，如果需要的话，我们可以多次细化，就像掰玉米一样，层层细化，不断分解，形成具体的工作任务清单等，因此，我们把这个模式定义为销售管理体系，简称为"天龙八部"。

"天龙八部"真正的专业定义叫作销售管理体系。它通常指企业或业务管理者在从事销售业务及服务管理工作时，针对业务人员每个节点进行有效的销售管控，并通过管控好每个过程节点达到精细化管理，从而真正意义上起到对销售业务全面监督和指导作用。

"天龙八部"是针对工业品营销人员和销售推进工作而特别制定的经典管控体系，更是工业品营销人员不可缺少的营销工具手册。除此之外，它还是一个实用性和可移植性很强的操作系统。一方面，销售经理可以利用它对销售人员进行管理；另一方面，也可以对具体销售项目进行管理。不仅如此，通过"天龙八部"进行管理，还将为企业保留许多珍贵的销售项目现场资料，更便于企业进行销售人员培训和用于提高销售管理水平。

下面我整理了一个经典的案例，我们看看资深的销售人员，是如何在没有希望的情况之下，成功逆袭并且拿下 3000 万元大单的！

一、案例前言

"天龙八部"是针对工业品营销的周期长、过程复杂、涉及人员众多等特点，专门开发的一套精细化管理工具。如何把"天龙八部"中的内容巧妙地运用到案例中呢？我们一起来看看下文这个案例是如果玩转"天龙八部"知识体系的。

二、案例背景

几年前，G 市要建设一座机场航站楼，总投资达 200 亿元，甲方当时的定位是要建设成国内一流的航站楼，所以最终确定选用进口品牌的玻璃。但考虑到国内品牌可能会因此产生不满，就有意拉上南南玻璃和皮皮玻璃，准备让这两家做陪衬。

三、组织架构

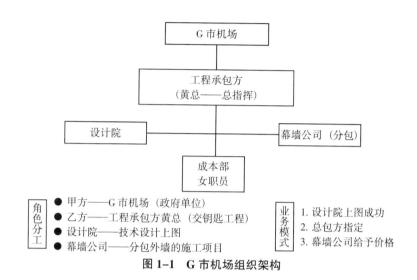

图1-1　G市机场组织架构

四、案例描述

➤ 项目立项：信息收集

我作为南南玻璃集团的咨询顾问，在接到邀请后，第一时间赶去机场。我首先拜访的是该项目的总指挥——黄总。当时黄总没在办公室，我就决定到其他部门转转，正巧就转到了成本部，里面只坐着一位年轻的女职员，她非常热情，于是我便和她攀谈起来，她给我介绍了许多有关项目组织和项目进展方面的信息，临走之前我们还互留了联系方式。

➤ 深度接触：发展教练

回去之后，我就给这位女职员打了电话，约她出来吃饭，两人谈得很投机，我成功地把这位女职员发展成为了"教练"。

后来我了解到，当时甲方准备选用灰绿色镀膜夹胶玻璃做幕墙，国内外分别邀请两家建材企业做项目筛选。国外邀请的是圣戈班和戈兰威宝，国内邀请了南南玻璃和皮皮玻璃。国外那两家企业都是生产在线镀膜玻璃的一流厂家。

➢ 方案设计：找到技术决策人

半个月后，甲方准备开一个技术交流会，邀请这几家玻璃厂家一起参加，分别介绍各自产品的技术和特点。项目总指挥黄总会亲自参加为期两天的交流会，而我服务的企业被安排在第二天下午。接到通知后，我想进一步了解一下有关技术交流会的信息，就给那位女职员打了个电话，她在电话中告诉我："总指挥只有第一天上午在场，其余时间都不参加。"而总指挥在场的那天上午安排的是戈兰威宝做产品介绍。

要知道，这样的安排，对我们不是很有利。

➢ 影响技术决策人，初战告捷

经过考虑，我们决定调换一下出场顺序，于是就到甲方项目部找到了安排会议的负责人，对他说，会议的第二天我们的技术总工要出国，只有交流会的第一天上午有时间，又说明知道第一个出场介绍的效果并不好，但我们也是没有办法。负责人同意了，并与戈兰威宝的销售经理取得了联系，那位经理表示可以调换。这样，我们就被安排在第一天上午做产品介绍，赢得了一次引导甲方决策者选择我们产品的宝贵机会。

回到办事处，我们就开始商量如何利用这次技术交流会引导甲方决策小组成员，尤其是引导黄总。经过一番讨论，我们一致认为国外品牌全是知名的，也是对我们构成威胁最大的敌人。所以，我们应该联合国内的皮皮玻璃，共同介绍我们离线产品的优势，先把国外的品牌"挤出去"再说。

随后，我就把这个想法与皮皮玻璃的销售经理做了交流，皮皮玻璃的销售经理表示非常认可，于是我们就统一了意见：全都从中立的角度介绍离线镀膜玻璃的优势，引导甲方认可国内品牌。

几天后，我和南南玻璃的技术总工徐总一起参加了甲方组织的技术交流会，徐总以专家的身份介绍了离线镀膜与在线镀膜相比较后产生的优势，还引用了香港机场采用在线镀膜玻璃导致开胶的案例，使甲方在场的包括黄总指挥在内的所有人都被震撼了。

又过了几天，我去找黄总指挥，想了解一下他们的想法，发现他又出差了，于是就去找那个"教练"女职员。她告诉了我一个重要的信息：总指挥出国了，但回来时要在香港转机。

在香港转机？我们是不是应该好好利用这次机会，拉他到香港机场看一下，验证我们那天技术交流时所讲到的开胶案例？

我马上通过公司联系到了香港办事处的同事，委托他们帮我们查询航班并接机。一个月后，总指挥从国外回来，刚下飞机就被香港办事处的同事拉去香港机场航站楼转了一圈，当然也看到了我们希望他看到的玻璃开胶的情况。这次亲身体验，动摇了总指挥选用在线镀膜产品的决心。

> ➢ 妙计连环

回来之后，总指挥就让我们挂大样了，同时挂大样的还有其他几个厂家，当时三鑫幕墙有挂样的设施，甲方就让所有的厂家都去三鑫那里挂样。为了能挂出最好的效果，我和徐总在挂样前专程去三鑫踩点，计算了阳光照射的时间、方位，确定了看样的最佳角度，才把样挂上。

几天后，我们把甲方决策小组的人员按照我们计算好的时间接过来，让他们按我们选好的角度看样，取得了最佳的挂样效果。之后，他们又想看其他厂家的挂样效果，我们就以请他们喝茶为由把他们尽快引开了，只让他们匆匆看了一圈。这样一来，效果自然不会有我们的效果好。

这几招下来，甲方就决定选用离线镀膜产品了。

接下来，设计院就要写标书了。问题也来了，甲方选用的是灰绿色的夹胶玻璃，这种玻璃当时国内只有皮皮玻璃能做，我们做不了，于是我们又去找总指挥，引导并说服他用绿色 PVB 和灰色玻璃比较好。经过前几次的交流，总指挥对我们非常信任，很容易就同意了。

我当时的想法是要把使用绿色 PVB 胶和灰色玻璃这个方案写进标书里，只有这样才能体现出我们的优势。为此，我又多次找到甲方，说绿色 PVB 胶和灰色玻璃这个方案总指挥已经同意了，但我们还是要承诺一下，你们也要以文件的形式确认一下。甲方的人刚开始没同意，但我知道这个文件对我们的重要性，就不断地做工作，最终甲方文件负责人被"磨"得不耐烦了，就以项目指挥部的名义出了一份红头文件，明确指定绿色 PVB 胶和灰色玻璃的方案为项目的最终方案。

后来，设计院负责写标书，我们三天两头往设计院跑，时不时请设计师喝茶聊天，很快便和设计师的关系拉得很近。刚开始，设计师准备把几个玻璃品牌都写进标书里，而且把圣戈班放在前面，我一看不行，就引导他：你写厂家应该按由近及远、由南向北的顺序。他心领神会，就同意了。这样，在招标文件中，南南玻璃就成了被推荐品牌的首选。

➢ 商务谈判：施放烟幕

接着幕墙公司就要投标了，虽然前面做了很多工作，但在标书上仍然是四大玻璃品牌，尽管我们排在第一位，幕墙公司还是可以不选择我们。

这时我们又做了两件事：

一件事是在幕墙投标之前做的。我拿着事先起草好的一份协议，拜访了所有参加投标的幕墙公司，一共 20 多家，和他们说：只要投标时能选择南南玻璃品牌，就可以当场以优惠的价格签协议，如果现在不签协议，以后采购时就享受不到优惠的价格。这一招使大概一半的幕墙公司都以南南玻璃品牌去投标和报价了。

另一件事是在幕墙公司中标以后做的。我事先向那位"教练"了解了总指挥的行踪，总指挥每周来工地开一次会，时间通常是周一的 8：30，施工方的负责人也会参加。于是我就每周一早上 8：00 准时赶到工地，等总指挥来了之后就进他的办公室坐上一会儿，说几句话，等 8：30 开会之前就跟他一起出去，故意装作很熟的样子和他告别，这些都被施工方负责人看到了，于是他就认为我们和总指挥很熟。

接着我们就去找施工方负责人，拿着那份红头文件和招标文件对他说："你看，甲方的意思就是要用南南玻璃的，只不过不好明说，要不怎么会在招标文件中把我们列在第一位呢？还有这份红头文件，也不是轻易就可以出的。"

➢ 成功签单

施工方的负责人听我这么一说，又亲眼见到我和总指挥很熟的样子，就相信了，合同也就顺理成章地签订了。

五、案例分析

这个案例成功地运用了"教练"，是使用了"天龙八部"的经典案例，特别是技术突破这个阶段，下面我们一起来分析在这个阶段具体用了哪些知识点（见图 1-2）。

在项目初期，销售人员就寻找到一位非常出色的教练，这位教练非常接近决策中心，所以提供了很多有价值的信息，正是这些信息推动了项目的进展，直至成功。可以说，如果销售人员在项目中不依靠教练提供的信息进行决策，这个单子基本没戏。

在技术交流、技术突破阶段，成功地利用技术引导，让一个本来是陪标的项

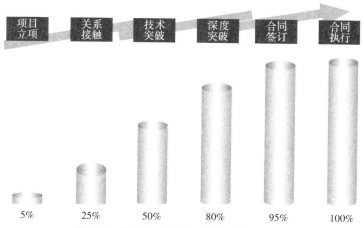

图 1-2　技术突破阶段具体使用的知识点

目，首先通过有效运作，成为四家参与者之一；其次通过有效的引导成为技术标准制定者之一；最后利用设计院的运行成为 No.1。结合技术引导，南南玻璃一共进行了 13 个日常活动，达成技术引导的目的。

具体的日常活动如下：

※ 了解技术交流会的信息

※ 换时间，改为第一天上午

※ 联合皮皮玻璃，推离线技术

※ 找徐总——技术专家帮忙

※ 香港机场的失败案例展示

※ 找香港同事帮忙

※ 通过教练了解黄总的行程

※ 失败案例的现场勘查

※ 红头文件的推出（绿色 VS 灰色）

※ 挂样时间——下午 4：30~6：00

※ 参观挂样的运作（喝茶）

※ 搞定设计师

※ 文件上将品牌列在第一位

六、案例延伸

"天龙八部"体系之中，结果非常重要，但是控制过程其实更加重要。然而，大部分的销售人员往往只看重结果，忽视了过程中的细节，每一个阶段，只是做了一些，但是做得不深入，好像是做了，但是没有做完全，一步一步都很粗放，结果就可想而知了。俗话说，细节决定成败，如果没有对这些过程进行控制，就不会有最终的结果。

因此，"天龙八部"就是一个精细化的过程管控思路，注重了过程，才有结果，这个对工业品营销非常重要。

"天龙八部"的认知：销售管理体系主要是把业务流程进行系统化、规划化、标准化、制度化，里面涉及的内容包含里程碑、项目进度、任务清单、达成标准。

在销售管理体系中售前的销售管理是指从信息挖掘、需求开发到项目能够正常供货为止。

里程碑：是指项目运行过程中的关键节点，其核心价值是为在业务过程中达成预定的成果所设定最佳路径的有效掌控节点。

项目进度：是指每一阶段工作取得成果后，离最终目标靠近了多少距离，其设定的意义在于量化每一阶段的工作取得的成就，以评估其对整个项目获得成功的贡献率。

任务清单：是指将一段复杂且漫长的工作分解成一个个简单而细小的工作，其价值是将复杂的工作简单化，累积每一阶段的小成果，以达到最终目标。

达成标准：是指为每一个里程碑和子任务设定的完成标准，其设定的意义在于为每一段工作都设定目标，并能够进行有效的验证，以确保每一阶段工作的质量能够达成。

下面我们来看看"天龙八部"业务流程的前期、后期是如何操作的。

(一) 销售管理体系（售前分为十个步骤）

信息收集、项目立项、深度接触、方案设计、技术交流、方案确认、商务公关、组织投标、合同谈判、签订合同。

1. 项目进度率

表 1–1

里程碑	进度率
信息收集	5%
项目立项	10%
深度接触	30%
方案设计	40%
技术交流	50%
方案确认	60%
商务公关	85%
组织投标	90%
合同谈判	95%
签订合同	100%

2. 销售管理体系——里程碑的定义

表 1–2

里程碑	定义
信息收集	通过各种渠道收集客户信息，并验证信息的有效性和完整性，确保符合我司意向项目的筛选标准
项目立项	根据公司内部的项目立项标准进行评估，确认通过，并根据项目的重要性来成立项目小组，明确项目成员的分工及跟进方案
深度接触	明确客户内部的组织架构及分工，厘清客户的采购流程及关键采购需求，通过多次互动成功地发展 1~2 名业务联系人，针对竞争对手，执行有效的竞争策略
方案设计	明确客户的技术与商务需求（包括产品质量、功能满足、技术要求、初步报价、付款条件、产品服务等），完成技术及商务方案，经过有效的引导，让客户倾向我司方案
技术交流	通过参观考察、技术交流、路演及成功案例等方式，让客户认同我方的实力，并引导客户倾向我司的优势产品
方案确认	明确客户的各种要求，编制相关的文件，设计对我方有利的商务技术参数或技术壁垒
商务公关	通过各种商务活动，扩大客户组织中的层面，使关键决策人产生倾向
组织投标	关注招标环节的评分标准及相关评标委员，组织一定的商务活动，力争让大部分的评委对我司产生倾向性，确保我能够拿到中标通知书
合同谈判	通过有效的商务谈判，制定有利于我方的付款方式和条款，减少法律风险，保证公司利润率，达成双赢的结果

续表

里程碑	定义
签订合同	通过公司内部的合同评审，提交合同文本，确保拿到双方签字盖章的合同文件，并将合同邮寄回公司

3. 销售管理体系的成功标准

表 1-3

里程碑	成功标准
信息收集	意向客户
项目立项	立项通过
深度接触	伙伴倾向
方案设计	引导需求
技术交流	技术倾向
方案确认	设置壁垒
商务公关	决策倾向
组织投标	确认中标
合同谈判	双赢谈判
签订合同	拿到定金

4. 销售管理体系的工作任务清单

表 1-4

里程碑	成功标准	项目进度	工作任务清单
1. 信息收集	意向客户	5%	1.1 通过各种渠道，收集有效信息 1.2 确认信息的完整性与真实性 1.3 确保符合我司意向项目的标准
2. 项目立项	立项通过	10%	2.1 确认通过公司项目立项的标准 2.2 明确项目小组的成员及行动计划
3. 深度接触	伙伴倾向	30%	3.1 明确客户的组织架构及分工 3.2 成功发展1~2名业务联系人
4. 方案设计	引导需求	40%	4.1 明确客户对技术与商务方案的各种要求 4.2 通过优化方案并获得客户对方案的倾向性
5. 技术交流	技术倾向	50%	5.1 通过路演、参观等方式，展示我司优势 5.2 让项目的技术决策人产生一定的倾向性

续表

里程碑	成功标准	项目进度	工作任务清单
6. 方案确认	设置壁垒	60%	6.1 满足客户选择产品的技术要求 6.2 设置有效的技术与商务壁垒
7. 商务公关	决策倾向	85%	7.1 通过业务联系人明确决策人的需求 7.2 与决策人互动，使决策人对我方产生倾向
8. 组织投标	确认中标	90%	8.1 购买相应的投标文件，编制有针对性的标书 8.2 通过一定的商务活动，让我司成功中标
9. 合同谈判	双赢谈判	95%	9.1 明确合同条款及附件达成双方共识 9.2 双赢谈判，制定有利于我方的商务条款及附件
10. 签订合同	拿到定金	100%	10.1 关注合同签约进度，防范风险 10.2 拿到正式合同，收到定金

（二）维护上量——销售管理体系（售后分为六个步骤）

维护上量的销售管理体系是指我方已经是供应商了，但是如何扩大再次销售或销售新项目、新产品，一直到成为战略供应商为止。

1. 维护上量的销售管理体系（售后）

关系维护、需求管理、技术引导、设置壁垒、扩大份额、战略协议。

2. 项目进度（售后）

表 1-5

里程碑	项目进度
关系维护	40%
需求管理	50%
技术引导	60%
设置壁垒	70%
扩大份额	80%
战略协议	100%

3. 销售管理体系里程碑的定义（售后）

表1-6

里程碑	定义
关系维护	加强日常的拜访工作，做好内外部的协调工作，关注客户的发展动态，做好风险评估，平衡客户内部各部门的关系，组织公司的资源，做好必要的商务活动，力争让关键人士对我方产生倾向性
需求管理	明确客户公司近期的发展计划，分析客户现有的产品结构或未来可能发展的新需求，结合现有公司的整体技术能力，制定出具体的需求分析表
技术引导	明确客户的相关技术需求，通过技术推广、技术引导、商务活动、样品试样、优化方案等各种方式，让客户对我方的技术产生倾向性
设置壁垒	明确客户的技术与商务要求，经过一定的商务运作，设计对我方有利的商务或技术壁垒
扩大份额	做好品牌推广，建立多层次的人员互访机制，分析对手，建立差异化的竞争优势，不断扩大客户内部的采购份额占比，树立有效的围墙准则，确保我方成为客户的重要供应商
战略协议	明确客户的中长期战略规划，找出可能的战略合作机会点，不断扩大合作的空间，力争达成双方满意的、长期合作的战略协议

4. 销售管理体系的成功标准（售后）

表1-7

里程碑	成功标准
关系维护	组织结网，高层倾向
需求管理	客户分析，明确需求
技术引导	实力展示，技术倾向
设置壁垒	方案满足，屏蔽竞品
扩大份额	占比扩大，品牌倾向
战略协议	资源互补，长期合作

5. 销售管理体系的工作任务清单（售后）

表1-8

里程碑	任务清单
1. 关系维护	1.1 内外部协调，确保合同按照约定来执行 1.2 平衡客户内部各部门的关系，让客户关键人士产生倾向
2. 需求管理	2.1 分析客户的产品结构，明确近期采购计划 2.2 制定有效的需求分析表

里程碑	任务清单
3. 技术引导	3.1　明确客户的相关技术需求 3.2　通过技术交流、样品试验等方式，让客户认同我方技术实力
4. 设置壁垒	4.1　明确客户对新老产品的技术要求 4.2　设置有效的技术与商务壁垒
5. 扩大份额	5.1　建立不同层次的互访机制，让大部分人员认可 5.2　通过商务运作，扩大采购占比，确保核心优势
6. 战略协议	6.1　明确各自中长期的战略规划 6.2　拿到战略伙伴的协议或文件

因此，销售是存在流程的，也是可以实现标准化的，通过标准化可以精细化，通过精细化形成专业化，我们把销售分为售前 10 步、售后 6 步，合计为 16 步；这套业务管理体系，是一套非常完善的管理工具，值得每一家企业、每一位销售人员认真地研究，并根据企业的业务特征进行灵活运用。

第二节　案例：营销费用"8000 元"花还是不花

许多销售人员经常说：标准化的体系我也可以分成几个步骤，但是，如何推进、如何攻关、如何抢单、如何回款才是关键；各个项目千差万别，复杂程度也是不同的，所以，我们需要的是方法、是策略、是技巧、是思路、是解决问题的真正手段。

因此，我们经常听到如下声音：

例 1：有时销售周期长，项目过程比较复杂，涉及的人员比较多，新手往往比较急于求成，然而欲速则不达，导致积极性不高，容易打退堂鼓。这往往让公司承受着巨大的风险，这种情况该怎么办呢？

例 2：还有些企业经常听到销售人员抱怨："技术人员能力太差，关系我都搞定了，就差技术方案，这些技术人员成天'关'在公司，无法贴近客户，太差了，搞砸了。"然而，技术人员也经常抱怨："销售人员一点技术不懂，如此简单的技术问题都搞不定，不知道怎么混的；而且动不动就让我写标书，写出来的标书 50%~70%都是废标，工作一定没有成就感。"如此等等。

总之，企业在开展业务的过程中，会面临种种的困惑。我们将常遇到的一些情况进行总结，形成了八大困惑，如表 1-9 所示。这八大困惑，是我们中小企业常遇到的问题，也是我们不得不面对的，本章将重点剖析。

表 1-9

1. 项目的销售周期长，过程比较复杂，涉及的人员比较多，新手往往急于求成，然而，欲速则不达，导致积极性不高，容易打退堂鼓，该怎么办
2. 如何在项目过程中，迅速找到教练，通过教练了解客户内部的组织架构与角色分工，让教练真正帮你促进项目进展
3. 面对客户内部的关键决策人，如何争取见面的机会，获取信任，从而让关键决策人真正认同，达到倾向性态度
4. 在项目推进过程中，项目前期激情非常高，项目中期心中郁闷，项目后期非常失落，为什么雷声大雨点小呢
5. 项目前期如何筛选信息？项目中期，该如何投标，去还是不去？客户马上做决定，该如何突破？项目后期如何起死回生
6. 项目跟踪了比较长的时间，眼看就要签单了，往往竞争对手会出现，搞定某些关键人物，导致项目可能落败，是否有"柳暗花明"之时呢
7. 在项目推进过程中，无论邀标、议标、陪标，价格谈判往往比较敏感，价格降了，利润薄了，价格不降，项目丢失了，如何寻找平衡点，达到效益最大化
8. 与客户做成一个项目，如何把客户变为朋友，引导客户重复消费本公司的产品，赢得回头客

不少企业在销售过程中都曾经遇到过这样的困惑，在项目推进的过程中，往往销售员的心态比较急于求成，然而欲速则不达，有可能导致信心受挫。

下面，我们就一个常见的案例来分析一下。

一、案例背景

W 州 QS 钢铁集团（民营）需要供热设计的配套系统，工程预算估计为 430 万元，此项目董事长已经批复了。

二、组织架构（W 州 QS 钢铁集团公司）

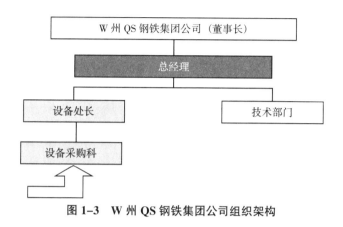

图 1-3　W 州 QS 钢铁集团公司组织架构

三、案例描述

➢ 深度接触

我做项目跟踪已经有三个月了，基本上与设备采购科长沟通为主，与其处长、总经理均见过一次面并介绍了我公司及技术优势，同时，了解到总经理是技术出身，非常在乎技术力量。

➢ 商务公关

我与设备采购科长关系非同一般，进行了多次的商务活动，每次都能满足其要求，通过与其沟通了解到：总经理与处长对我公司非常有倾向性；而且，还知道存在一家相对比较强劲的竞争对手，但是那家公司的技术能力要略微差一些。

➢ 高层互动、技术交流

目前，我公司的技术能力相对来说较有优势，而且在国外的成功案例比较多，我们针对技术方案已经修改了三次，但是每一次都是通过科长呈报给总经理；根据总经理的反馈，我们再进行针对性的修改，而最近一次的技术方案修改，总经理没有反馈。

➢ 无底洞索求

上周拜访设备采购科长，科长说：这个项目他费了许多心思，处长比较认可他（他比较强势，年龄比较大，资格比较老；处长学历高，比较斯文，但清高一

17

些），所以，有他在，项目基本上没有问题。同时，他上周暗示我：希望利用周五、周六、周日这三天，去我们公司考察并进行商务旅游等活动（目前，针对设备采购科长付出的商务接待费用已经超支了）；然而，设备采购科长再次提出要求，我比较为难，答应的话，可能商务接待费用不断升高（至少要增加 8000 元招待费用），影响我个人的年度绩效，但不答应的话，又怕得罪科长，该怎么办呢？

四、案例分析

在这个案例中，我们可以看出，这个单子处于一个被客户悬吊着的状态，不能确定科长给我的信息是否可靠，但是其中产生的公关费用该如何是好？

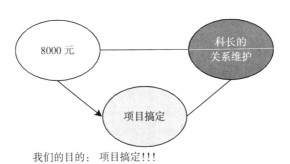

我们的目的：项目搞定！！！

图 1-4　案例项目进展

在本项目的推进中，商业目的非常明显，而我们真的花了商务接待费用，项目就能得到推进吗？本案例中一切的行为都是利益的交换（见图 1-5）。

商业目的：利益交换！！！

图 1-5　项目利益交换

在此过程中，我们要想成功搞定订单，需要抓好两项工作：技术标和商务标（见图 1-6），需要采取六大策略，见图 1-7。

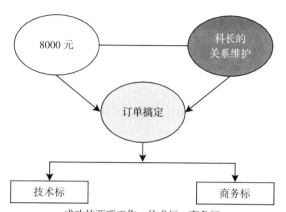

成功的两项工作：技术标＋商务标

图1-6　项目成功需要抓好两项工作

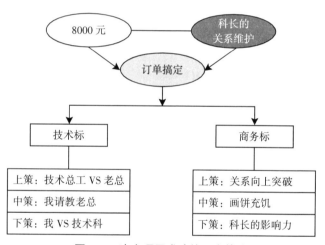

图1-7　决定项目成功的六大策略

五、案例延伸

通过以上分析我们发现以下问题：

（1）易于轻信他人，把假话当成真话，容易掉进"陷阱"；

（2）信息获得渠道单一，无法验证信息的真伪，容易犯方向性错误；

（3）缺乏对项目的全局思考，犯了"盲人摸象"的错误，钻进牛角尖；

（4）没有在内部找到合适的教练，堵塞了信息来源，形成信息孤岛。

最终导致被客户"忽悠"，不仅单子成交不了，而且还产生了一大笔商务费用，所以我们要注意以上的问题，这样才不容易掉进"陷阱"。

我们的销售，特别是工业品销售的特征之一，就是周期非常长，从而常常被客户"忽悠"，我们必须思考我们对销售的推进，哪些是真正的推进，哪些是无效的推进，必须分析清楚才行。

其实，销售订单就是项目不断推进的产物，从客户的需求，客户产生意向，明确项目，到项目的推进，再到项目最终达成，这是一个循环的过程（见图1-8）。

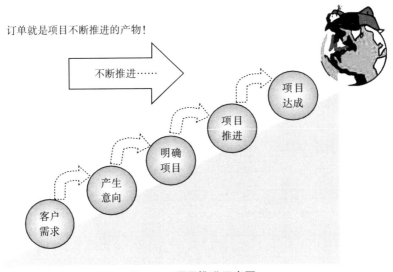

图1-8　项目推进示意图

在项目不断推进的过程中，我们做出了四种结果预判：①订单生成；②项目有进展；③暂时中断；④失去订单（见表1-10）。

表1-10　销售的结果分析

类型	小规模销售（仅两种结果）	大规模销售（四种可能的结果）
成功	订单生成	订单生成 项目有进展
失败	失去订单	暂时中断 失去订单

对四种结果进行分析：

1. 暂时中断

例如：

① "目前我也没有完全的把握给你什么承诺，我向上级汇报一下，再给你回信儿吧。"

② "这个提议很好，我们很感兴趣，下次有时间我们再一起谈谈。"

暂时中断意味着虽然生意还有可能继续下去，但客户还没有同意具体的实际行动方案。虽然没有达成一致的协议，但客户也没有完全拒绝。

2. 项目有进展

发生在会谈中或者之后的一些事情，可以使这个项目继续朝着最终的结果发展（见表 1-11）。

表 1-11

举例说明： 我感觉你们公司的产品是有特色的，我建议直接找老总谈比较好，我司老总对价格非常敏感，你的产品能够满足他的需求；等到月底，他从欧洲回来，我帮你预约一下，力争 12 月中旬给你一个明确的结果	A——推	项目有进展 客户愿意积极向前推进，双方都有积极的互动，双方也都希望促进项目发展
举例说明： 我（公司总经理）已经交代过了，我司办公室主任会带你去找采购部，如有问题及时告诉我，我再帮你协调	B——拉	

例如：

①客户同意试运行或者检测你的产品。

②部分接受原来根本不接受的预算。

③有让你见更高一级决策者的余地。

3. 订单生成

客户有很明确的购买决定，包括签合同等。

在大规模销售中，真正的订单其实是很少的。

4. 失去订单

客户主动而明确地表示拒绝，或者很清楚地表明没有任何可能再继续下去了。

在项目推进的过程中，销售人员要注意以下两个问题：

①每一次都必须争取到目标客户的承诺，使项目有所进展。

②提议的承诺应该是现实中客户最大限度可以给予的。

成功的销售人员从来不会提出超过客户可以达到的限度以外的承诺要求。

第三节　案例：耐得住寂寞，方可有大成

我们有了标准化的业务管理体系（"天龙八部"），也有成熟的方法与策略（"葵花宝典"），但是，销售环节是一个漫长的过程，每一个订单都存在差异化，不可能一蹴而就，更不可能今天去谈项目，明天就签单，我们需要耐得住寂寞。有时，我们总是期望"一招制敌、一剑封喉"，我认为这是不可取的，谈项目就像爬山一样，我们需要翻过一山又一山，越过重重峻岭，方能到达胜利的顶峰，所以我认为经过不同的关隘，需要不同的方法与策略来应对，这就像销售推进的过程一样。例如：教练搞不定的话，我们需要翻开"搞定教练十三刀"；高层拿不下，我们需要查找"七剑下天山"；应收账款收不回，我们需要看看"催款的四大原则"；等等。我们既要不断地克服重重困难，还要有耐心不断地寻找方法，我相信，阳光总在风雨后。

下文这个案例，值得我们借鉴。

一、案例前言

做销售，特别是工业品销售，一个单子的成交周期往往比较长。其间，还会被客户不断地拒绝和打击，如果这个时候耐不住寂寞，扛不了打压，单子有可能就会没了。以下这个案例告诉我们，做工业品销售，一定要耐得住寂寞，扛得了压力，最终才能收获美好的结果。

二、案例背景

广东东莞××塑料厂，是一家做家电领域配套的塑料模具的厂家，该厂是所在区域内的知名企业，该厂所需采购的 PBS 改性化工原料需求非常巨大，月用 PBS 原料量 40~50 吨。该厂一直没用过我们企业的产品，算是我们企业在广东东莞附近较大的目标客户。

三、组织架构

黄老板：与广东东莞××塑料厂员工及老板都较熟，是我们的第一"教练"

陈总：广东东莞××塑料厂老板，主要决策人

四、案例描述

> 信息收集

广东东莞××塑料厂，是一家做家电领域配套的塑料模具的厂家，能用到我司的产品乳液，然而该客户之前一直没有用过我司的 PBS 改性化工原料。这个客户是做助剂原材料的黄老板告诉我的，而且黄老板向该客户的老板提起过我司，我从黄老板这里了解到该客户月用 PBS 改性化工原料量 40~50 吨，同时还告诉我竞争对手是冠昌的 PBS 改性化工原料，价格大概是多少，得知以上信息需要我这边后续跟进。

> 深度接触

通过黄老板了解到这家公司由老板做主，公司里的工程师是他的亲戚，同时老板也是技术出身。第一次约陈总见面是在他的办公室，聊得很好，我向他介绍了我司的发展情况以及产品体系，同时推荐了我司的几款产品给他试样。因为有之前黄老板的铺垫，此次交谈，陈总说出了他的需求及成本要求，并提出想和一家大公司合作比较适合企业发展的想法。

> 样品试用

当时我也把样品给了陈总，由于当天正值中午，所以我们顺道一起吃了午饭，午饭结束前我主动买了单，陈总对我的客气和招待细节很满意，同时感觉应该给我更多合作的机会。

当天下午陈总做了试验，马上就给我打电话说效果达不到要求，问我还有没有其他样品可以做。

> 再次试样

就这样我连续几周的时间，几乎每天都送样品给陈总试验，把公司能做该产品的样品都送了一遍，其间差点崩溃。

皇天不负有心人，最后，确认有 3 款产品试样通过；但是，当询问价格的时

候，有 2 款的价格又超出了他预期的 2 倍，被排除。最终，剩下 1 款价格合适，这让我失望的心情暂时有了一点安慰。

于是，我马上又送了 20 千克样品做中试，最后中试成功了，才把技术这个门槛给过了。

当我快放弃的时候，上帝给我开了一扇小窗。

➤ 签订合同

接着，我们按照该公司对于产品性能的要求等，同客户签订了首批订货合同。按照客户的订货规律每周订货一次。成功了以后，我把黄总和陈总约出来单独吃了一次饭，同时感谢黄总的推荐让我和陈总有了合作的机会。

五、案例分析

现在很多"80后""90后"很没有耐心，遇到点挫折就想放弃。就像案例中，客户对我们的产品并不满意一样，如果我们没有耐心，不能很好地对待客户的疑问和技术要求，那么这个单子肯定签不下来。耐得住寂寞，有效应对客户的问题，才是成功拿下订单的解决之道。

六、案例延伸

耐得住寂寞，要有坚守之心。很多人不是没有能力，而是没有耐性，或者说，耐不住寂寞。坚守之心就是不为苦难所屈。苦难是成功的磨刀石，是对人的胆识、智慧和毅力的考验。生活的道路不是一帆风顺的，往往荆棘丛生。不少人就是迈不过这道"坎"，害怕、退缩、放弃、变向，结果只能与成功失之交臂。艰难的时候，虽然努力追求了不一定会有收获，但不努力追求肯定没有一点希望。

耐得住寂寞，要有内省之心。人非圣贤，孰能无过？过而能改，善莫大焉。一个人最大的缺点，是不知自己有缺点；最危险的缺点，是坚持已有的缺点；最无知的缺点，是为自己的缺点辩解；最可笑的缺点，是闭上眼睛也能发现别人的缺点，睁大眼睛也看不见自己的缺点。克服这些缺点的最好办法，就是培养内省精神。

机遇总是垂青于有准备之人。没有韧性的把持、没有耐心的等待，那么自己就没有机会看到旖旎动人的彩虹。任何人如果总是浅尝辄止、一知半解，那就休想获得机会的垂青与眷顾！只有默默无闻地用心做好每一件事情，终有一天会功到自然成，生命之舟将会水涨船高！

从以上案例来看，我们有了一套很好的套路，但是光有了套路，没有方法技巧也不行，工业品营销研究院根据自己多年的研究，总结出了一套"葵花宝典"的方法。"葵花宝典"的出现将改变这些传统的观念。下面我们来看看销售手册中的一些技能以及策略等方法。

➤ 常见的"葵花宝典"的关键技能如图 1-9 所示。

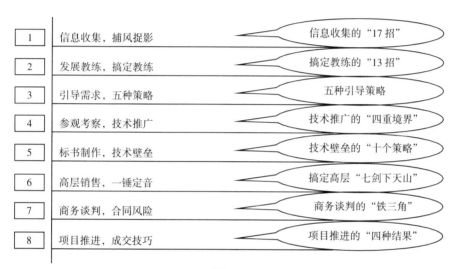

1	信息收集，捕风捉影	信息收集的"17 招"
2	发展教练，搞定教练	搞定教练的"13 招"
3	引导需求，五种策略	五种引导策略
4	参观考察，技术推广	技术推广的"四重境界"
5	标书制作，技术壁垒	技术壁垒的"十个策略"
6	高层销售，一锤定音	搞定高层"七剑下天山"
7	商务谈判，合同风险	商务谈判的"铁三角"
8	项目推进，成交技巧	项目推进的"四种结果"

图 1-9

➤ "葵花宝典"中典型的搞定教练 13 招（见表 1-12）。

表 1-12

1. 谁可能是我们的教练
2. "教练"必须具备的特点
3. 利用"教练"必须达到的目的
4. 教练愿意帮助我们的深层次目的
5. 要学会保护教练
6. 多教练的原则
7. 教练的需求分析模型
8. 与教练建立良好关系的五个层次

续表

9. 建立良好关系的具体话术
10. 建立关系的五个营销策略
11. 发展关系的行动策略
12. 寻找"外部教练"的"三板斧"
13. 利用教练，搞定高层

➤ 在这本书中，我们把"葵花宝典"分为十六部分，具体如下：

表 1-13

"葵花宝典"之一：信息收集
"葵花宝典"之二：项目立项
"葵花宝典"之三：深度接触
"葵花宝典"之四：方案设计
"葵花宝典"之五：技术交流
"葵花宝典"之六：方案确认
"葵花宝典"之七：高层公关
"葵花宝典"之八：招投标
"葵花宝典"之九：商务谈判
"葵花宝典"之十：签订合同
"葵花宝典"之十一：关系维护
"葵花宝典"之十二：需求管理
"葵花宝典"之十三：技术引导
"葵花宝典"之十四：设置壁垒
"葵花宝典"之十五：扩大份额
"葵花宝典"之十六：战略协议

对于"葵花宝典"的使用，不同层次的销售人员其要求也有所不同，我们期望在业务管理体系之中，针对不同的阶段，你都可以找到一些答案，可以为己所用，这就是我们最大的欣慰，因为，它可以帮助到你。

"葵花宝典"：

销售实战案例篇

| 第二章 |

"葵花宝典"之一：信息收集

> **引言：** 在项目执行的过程中，信息收集是整个业务流程的输入基础，拜访客户验证既有信息与挖掘有价值信息，可以有效帮助销售人员抓住这一阶段的工作核心要点：通过对目标客户的筛选，找出意向客户。

第一节　经典案例分享：多好的客户，我想要

一、案例前言

信息收集是工程项目运作的起点，也是为拟定下一步的工作规划提供依据。因此信息收集这一步尤为关键。疏忽了这个环节有可能会让你和订单擦肩而过，如果分析得透彻，也会让你觉得，幸福来得就是那么突然。

二、案例背景

×集团有 40 年的历史，是一家以研发、生产重卡、轮胎等产品为主的大型

集团。经过 30 年的奋勇拼搏，现已发展成为我国重工行业产销量最大、品牌影响力最强的企业集团之一，主导产品产销量居全国第一位。2008 年销售收入 31.2 亿元，创历史同期最高水平。

山东省某重工有限公司是该集团下属的企业，此单位是该集团的发源地、骨干企业之一；主要做重卡机械配件（如轮胎、车轮毂、钢板等），产品 90%供给集团下属相关企业，有着严格的企业管理体系。

三、组织架构

总经理——方总（集团董事长的弟弟、决策者）
采购销售部长——周部长（性格温和，容易打交道，掌管销售采购大权）
技术部——小木（负责轮胎检验，有权确定轮胎是否合格及入库）
采购员——小明（负责轮胎采购、订单计划）

四、案例描述

➢ 拜访前的准备
准备"攻破"山东省某重工公司，所以拜访前对重工行业进行充分的研究，分析客户实际的购买需求，同时充分了解客户目前产品的使用情况，并将我司产品与之对比，存在哪些优劣势。事先要准备如何去解答客户提出的疑难问题，从而在交流过程中不会显得被动，使客户最大限度地认可我司产品。

➢ 拜访过程中索取想要的信息
在与客户交流的过程中，了解到客户轮胎的产品型号和数量、产能、竞争对手情况、业务接口人员、效益、部分组织机构和规划等，从而达到这次拜访的目的。

从客户处拜访回来后，对在拜访过程中所获取的信息进行了有效的分析。过了 1 周左右，我再次电话回访了客户。客户对我们还是很感兴趣的，让我们提供一些资料，让他们先了解一下。

➢ 企业宣传及配套介绍
电话回访后，我给客户的关键人方总及周部长寄送了我司的各种资料进行宣传，包括最新的企业介绍（PPT 版），让客户了解企业及产品，并认可我司文化，提供汽车行业特别是重卡汽车的配套资料及我司产品的优势证明并组织相关技术交流，让客户了解我司的产品在行业中的技术实力。

➤ 发展我方支持者

多次拜访内部的技术人员小木和采购人员小明，经过长时间的互动，以及节假日送一些小礼品，我和小木、小明成为了好朋友，从而从他们口中得到很多内部的相关信息，这样对于后期合作起到很大的帮助作用。

➤ 提交供应商申请并邀请参观审核

组织客户公司的采购、技术、品质等相关人员审核我司集团下属制造基地，以争取顺利通过目标客户的审核，使其同意对我司产品进行试验验证。

➤ 付出总是有回报的

在上次的参观过程中，客户对我们是非常认可的，所以同意与我们合作，让我们做出报价以及交付条款。

➤ 了解客户内心需求

结合目前客户竞争对手的价格和使用情况以及自身产品的价格范围空间，进行合理报价，目的是让客户能够接受。

➤ 满足需求，合同签订

过了几天，客户对于我们报出的价格表示认可，而且我们在合同条款中尽可能使周转天数、付款方式等各项条款也达到公司的要求。客户签订小部分合同，正式小批试验。

五、案例分析

从以上案例中可以看到，这个案例的成功点并没有像其他案例那样，需要太多的攻破点，顺理成章地就搞定客户，很多人会说可能是我运气好。但是您仔细分析一下，在这个过程中，是经历了很多环节，才能顺利签单的。例如：拜访前，我做足了对客户的前期研究，分析客户的情况；在拜访过程中，经过长期沟通、假期送礼，把小木和小明发展为自己的支持者；以及后续一系列的安排，都是我付出的努力得到的回报。这在信息收集这个环节中尤为重要，只有前期工作做足了，后续工作才能进展得如此顺利。

六、案例延伸

在信息收集过程中，还是有很多方法技巧能帮助到您顺利签单的。例如，在电话邀约过程中可以通过邀约的注意事项、邀约的话术，以及邀约指南几方面来帮到您。不妨一起来看看：

表 2-1　电话邀约的注意事项

在适当的时间	◆ 当不认识预计访谈的对象时，一般在上班之后 30 分钟或下班之前 30 分钟的工作时间联络 ◆ 当认识或知道预计访谈的对象时，可在上班前 30 分钟或下班后 1 小时内，以及客户所熟悉的惯例的时间联络
找适当的人	◆ 在不同行业、不同规模的公司，购买对象不同时，"适当的人"是不同的，要事前对行业内重点客户不同产品和服务的关键人进行深入的研究找到共同点，在电话营销中才能找到比较"合适的人" ◆ 在找不到拜访对象时要就地取材，趁机收集客户资料（如交接目前处在客户采购流程的哪个阶段），了解客户需求，为下一次电话邀约做准备
讲适当的话，问适当的问题	◆ 找到适当的人后，一定要讲关键人关心的话题，根据其所处的采购流程的阶段，提供所需要的信息及支持，为其解决存在的主要问题等。在熟悉之后，要多与客户沟通，并关心客户的个人兴趣，如体育、时事等方面

表 2-2　电话邀约的话术

步骤	某公司	客户
1	您好，我是××公司的，我姓×，我司是专业从事专业商用车轮胎生产制造的。我想耽搁您两分钟的时间，您看方便吗？	你说吧。
2	在商用车轮胎方面，我们是目前国内做得最好的品牌之一，在产品和技术方面也是业内的领导者，尤其是在全国卡车行业内，我们在××等项目一直有很好的合作。如果方便的话，我想专程拜访您，您看下周三是否方便？	你先发份资料吧，让我了解一下。
3	可以的。×经理，下周我正好要去山东，您看方便下周三与您见面沟通一下吗？	好吧。
4	谢谢您，×经理！那我们就约好下周三见了，下周二我会电话跟您确认一下时间的！	好的。

表 2-3 电话邀约指南

邀约对象	采购（供应科）	技术	分管领导	设计院项目设计师
最佳电话时间	1. 下午最好，因为上午事多，他没时间和你交流。 2. 晚上 7：00 以后也可以	1. 上午 8：00 到 9：00 时间最好。 2. 下午 4：00 左右。 3. 晚上 7：00 以后均可	1. 上午最好。 2. 下午一般不在。 3. 晚上 7：00 以后也可以	全天都可以

第二节 经典案例分享：心急吃不了热豆腐，我该拿你怎么办

一、案例前言

信息是整个业务流程的输入基础，拜访客户验证既有信息与挖掘有价值信息，可以有效帮助销售人员达成这一阶段的工作核心要点。在拜访客户前，应该做好充分的准备，这样才能更有效地帮助你在下一阶段找到"门路"。

二、案例背景

×压缩机有限公司，为华南地区生产规模最大、实力最强的压缩机制造基地之一。注册资金 4080 万元，固定资产过亿元。新建的花园式厂房占地面积30000 多平方米，有某省唯一的压缩机研发中心和压缩机测试中心，以及特大型空调压缩机和冰箱压缩机生产线。

某市公司各界业务人员也陆续在跟踪，客户对我司阀门意识淡薄，开发以来困难重重。阀门月用量 8 万~10 万元，主要品牌正品为 A、B 等产品。

三、组织架构

采购部：A 经理

采购部：B 经理

四、案例分析

> 信息收集，预约拜访

2012 年 11 月我接手开发此单位。进行了多次预约拜访，见到了采购部的 A 经理，并简单地对我司做了一番介绍。我司曾找过 A 经理的业务员也不止一两个人，他对我司阀门有所了解，经过几次交流效果不明显。

> 送礼获得认可

12 月 27 日借送礼品的机会再次约见 A 经理，拿到礼品时对方是比较高兴的。趁热打铁，借此机会交流合作事宜，双方交流比以往气氛有所改善，A 经理答应把所用的型号发一份给我司报价，先看一下价格方面怎样。同时我要求到仓库了解目前阀门相关情况，到仓库看到大部分是 A 产品，把产品内外包装拆开，初步判断是 A 正品产品，为后续报价或供样提供了有利的条件。

> 客户的态度，让我失去了信心

A 经理也没有食言，在 2013 年 1 月初把型号传真过来要求给予报价。遇到报价环节公司也很慎重，先报了部分型号价格，让客户作价格对比，避免一次性报价造成不利影响，没有挽回余地。将价格传真给 A 经理后，经过几次询问价格确认情况，一直没有得到明确回复，就说有空对好会回复我。推进工作又一次落空。自己在反思：是价格报得过高了吗？还是客户对我们的产品不感兴趣呢？抑或其他原因？这些问题一直困扰着我，也让我无法将这个项目进行下去。

> 偶然获得信息，看到了一丝希望

2013 年 2 月上班后走访各客户了解情况，计划也拜访一下 A 经理，不巧他不在公司。我便与他同一办公室的 B 经理进行交流，交流过程中 B 经理问了我司 C 产品的价格，我立即向公司内勤要价格，当场给 B 经理回复，反馈结果与竞争对手差不多，具体没有明确回复。这说明价格不会相差得太离谱，问题也不是出在报价方面，要从其他方面与 A 经理交流，达成共识。

五、案例分析

从以上案例可以看出，这个项目被悬吊着，我们也不能评判它是失败的。因为从目前的客户推进阶段来看，是处于信息收集、人员初步接触、竞争对手分析的环节，对于后期合作还有很长的路要走。

在后续工作开展中还应该从多方面入手：

◆ 目前接触到的人员至少，没有教练或比较熟悉的人员，后续要培养一名教练。

◆ 要掌握竞争对手的价格，使报价过程利润最大化。

◆ 与 A 经理加强联系，建立互信关系。

◆ 找机会拜访客户老总。

◆ 收集集团压缩机配套案例给客户。

……

六、案例延伸

在信息收集环节，我们应该掌握更多的技巧，例如在拜访环节中，我们该采取哪些方法技巧，促进项目成功呢？

客户拜访有七大技巧：

（一）拜访前的准备

（1）约定拜访时间。

（2）规划好行程安排。

（3）我方人员确定。

（4）拜访目的确定。

（5）据了解的客户资料，准备其所喜欢或适应的谈话内容。

（6）根据项目技术信息准备提案。

（7）事先准备化解客户种种异议的方法和理由。

（8）预想拜访会发生的种种情况，考虑如何应付突发事件。

（9）准备公司、产品、成功案例等介绍资料。

（10）准备一些送给客户的小礼物。

（11）提前 5~10 分钟到达。

（12）检查仪表服装是否整洁。

（13）准备有效的开场白。

(二) 拜访流程

（1）感谢见面及自我介绍。

（2）递送礼物及破冰寒暄。

（3）简述公司简介及交流企业发展理念。

（收集关键及重点信息，包括采购需求、技术要求、预算、采购流程、竞争对手等）。

（4）进行简单的产品说明。

（5）建立私人关系，争取建立双方的私人友谊，使对方对你产生好感。

（6）感谢见面，临别时与对方确认达成的协议：双方接下来各自需要做哪些工作、下一次何时见面、见面的主题是什么。

（7）做拜访后的跟进。

(三) 开场白

◆ 10 秒内获得客户好感的方法：

（1）得体的穿着。

（2）得体的肢体语言。

（3）保持微笑。

（4）亲切的问候。

（5）握手。

（6）注意客户的情绪。

（7）记住客户的名字和称谓。

（8）让客户有优越感。

◆ 有效开场白的要点：

（1）握手，递交名片。

（2）微笑并利用目光接触。

（3）介绍你自己和公司。

（4）说明你拜访的原因及对方可能得到的好处：为什么客户愿意见我？

（5）打破沉默，进行闲谈，营造良好的气氛但不要过多地浪费时间。

（6）礼貌、热情、坦诚和自信，随机应变。

(四) 常用话术

表 2-4 常用话术

步骤	销售话术
自我介绍及破冰	A 工，您好，我是××公司的小 C，是设计院的 B 工介绍过来的。听 B 工说您是××领域的行家，所以今天过来也是想和您交流交流（向您学习）
公司简介及企业发展理念	我们公司十年来一直专注于_____及相关产品和技术的研发，非常重视煤矿一线使用部门在_____上的实际使用需求，先后独家开发出了_____，一经投放市场便取得众多客户的一致好评，您这附近的××矿就是用的我们公司的产品
收集关键及重点信息	××××这块儿目前是哪家在给您供货 ××××采购这块儿您最注重哪方面：技术、服务、产品质量还是价格 这次预计采购多少米？您看这个事情我还应该去找谁沟通沟通
临别时与对方确认今天达成的相互协议	A 工，谢谢您的接见。您看，按我们说好的，我让技术部门给您认真地做个方案，下周三或周四我把方案带过来跟您沟通沟通

(五) 产品说明

销售的关键在于能证明：这产品的确如所说的那么好。

◆ 要把握的原则：

（1）介绍产品内容，但强调给客户带来的价值和利益。

（2）说法要保守点。

（3）你的声明需要用证据来证明。

◆ 要注意的事项：

（1）简短且清楚（重点清楚、用词通俗，别讲得太快）。

（2）具体（避免笼统）。

（3）重复（通过重复强调销售论点；避免简单重复）。

（4）不要轻易省略。

（5）检验客户的兴趣（方法：我有没有说清楚）。

（6）把论点钉牢。

（7）用"你觉得怎么样？"来结束产品说明。

(六) 拜访结束收尾

（1）对本次拜访的双方谈到的主要内容做一个总结。

（2）重申双方达成的共识：接下来双方要做的工作，尤其是我方的行动承诺。

（3）明确下一次见面的时间和主题。

（4）对客户的接待表示感谢。

（5）表达期望下次见面的愿望。

（七）拜访后的总结与行动

◆ 拜访后的总结与反思：

（1）这次我是怎么做的？

（2）我具体做了什么……

（3）对方的反馈是什么……

（4）下一次我应该做什么……

（5）下一次我应该注意些什么……

◆ 拜访后的跟进行动：

（1）评估客户的级别。

（2）分析客户的合作意向。

（3）分析客户的性格、喜好及弱点，制订行动方案。

（4）向经理汇报项目进展情况。

（5）设计方案对我方竞争力的影响。

（6）分析我方在此项目中的竞争优劣势。

（7）跟进拜访时间安排。

（8）对策实施，反馈再修正。

第三节 经典案例分享：到嘴边的肥肉，就是没吃着

一、案例前言

销售人员得以生存离不开两件法宝：一是人脉；二是技能。人脉是打开成功之门的钥匙。销售人员的成功70%是依靠人脉关系，30%是依靠个人的努力。

二、案例背景

　　某市某房产公司刚拿下某工业设备原来的厂房用地，准备开发重点安置小区项目。多年做销售的缘故，我对相关的工程项目都有较高的敏感度。我对此项目有十足的把握，打算从成都某设计院下手。

三、组织架构

　　设计院：Ａ工（关系甚好）

四、案例描述

　　➢ 利用人脉，发现商机

　　与朋友郊外出游时，一条信息引起了我的关注：某市某房产公司刚拿下某工业设备原来的厂房用地，准备开发重点安置小区项目。多年做销售的缘故，我对相关的工程项目都有较高的敏感度。每一个销售机会，我都不愿意白白放弃。人们常言：做销售的要眼观六路，耳听八方。营销工作的精髓在于：把握住每一次机会，获得最终的成功。

　　晚上回到住处，我连夜在网上搜索该项目的相关信息。从网上得知该重点安置项目的前端设计是由成都某设计院完成的。我顿时找到了开启该项目的"钥匙"，决定先从该设计院入手。

　　➢ 设计院拜访，见人说"鬼话"

　　第二天一早，我决定趁热打铁，去往成都某设计院。在成都地块从事销售工作多年，没少去该设计院。我赶到设计院，直接找到了Ａ设计师的办公室。Ａ设计师（简称Ａ工）四十岁开外，从业近二十年，在设计院属于重量级的人员。他性格稳重，为人热情，做事严谨，是一个很有涵养的人。我多次与他打交道，关系处得还不错。

　　Ａ工见到我敲门进来笑道："什么风把你吹来了？是不是又闻到什么味道了？"

　　我故意不好意思地笑了笑说："Ａ哥，什么事也瞒不住您。今天确实想从您这儿了解一个项目的情况。"

A 工开着玩笑道:"你们这帮人呀,鼻子比狗都灵,一听到有什么项目就会闻风而动。没什么事,是不会想起我们的。"

我忙凑上去殷勤地说道:"A 哥,您可冤枉我了。我可没忘记您,几次想邀请您聚聚,您不是一直忙吗?忘记谁都行,怎么能忘记您呢?"

A 工满意地挥挥手说:"你就是嘴巴甜。说吧,想了解什么?"

我忙掏出笔记本,在 A 工面前坐定说道:"听说在某工业设备厂的厂址某房产准备新上一个重点安置项目。这个项目是你们设计院设计的。能跟我说说这个项目的情况吗?

➤ 名花有主了,心情低落

A 工笑了笑说:"这次你的鼻子比别人慢了一拍,怎么落到了别人的后面了?这个项目在三个月前设计就通过了。"

我心顿时咯噔了一下,已经有人跑到我前面了。我连忙问:"是不是有别的单位向您了解过这个项目的情况?"

➤ 诉说项目详情

A 工打着哈哈说:"你们这群人像苍蝇一样,闻到什么味儿总是一群群地扑过来。"

我见他不愿多说,也没继续问下去,作出痛苦状说:"现在的市场竞争越来越激烈,我们的日子也越来越难过。像我们这样的人每天上面有公司盯着,下面有兄弟看着。还得请哥多帮助兄弟才有口饭吃啊。"

A 工笑道:"行了,别在我这里哭穷了。这个安置项目由 21 幢高层组成,外墙用砖面积大约为 50 万平方米,总建筑面积 70 万平方米。这个项目是省重点安置项目,对外墙砖的要求还是蛮高的。"

我认真地在笔记本上记下相关信息后问道:"您知道该项目对外墙砖有什么特殊要求吗?"

A 工一摊手说:"那我就不清楚了,这你要问该项目的负责人去。"

➤ 看起来似乎信息很全,但已无能为力

我虽有点失望,但没丝毫表现出来,继续问道:"您能说说某房产公司的情况吗?"

A 工想了想说道:"这家公司我也不熟悉,只知道该公司是有国营背景的房产企业,成都很多大型房产项目都是该公司投资建设的,实力还是蛮强的。"

我立刻感觉到这类公司一般水都很深,关系复杂。这个项目还是有很大的难度。我觉得想了解的信息都差不多了，就没有继续问下去。与 A 工闲聊了几句，便站起身来说："A 哥，太感谢您了，您每次对我帮助都很大，我不会忘记您的关照，您一定要抽个时间，我们一起聚聚，也给小弟我报答您的机会。"

A 工也站起身来握着我的手说："你也别客气，我也帮不了你们，有你这句话就行了。"边说边将我送至门外。

五、案例分析

本案例"我"与 A 工的交流中，"我"始终扮演着一个与 A 工相近的人，一言一行都以 A 工的标准来塑造自己。言语中掌握分寸，既不表现出夸张的热情，又不过于卑微或刻意夸耀。

该项目尚处在信息收集的阶段，通过对设计院的拜访，掌握了项目的相关信息，能为后续的工作做出策略性的规划提供依据。该案例中的"我"仅关注到项目的信息，对竞争对手虽有警觉，但并未予以重视，这为项目最终的失败埋下了伏笔。

六、案例延伸

积累人脉关系是销售人员日常工作的核心内容之一。销售人员的技能主要是与人相处和交往的技能。销售人员要成为"百变怪杰"，就是要在不同的场合，与不同的人交往中将自己塑造成被对方所接纳和认同的人。

从以上案例中，我们延伸几点：在信息收集环节，有哪些渠道能够收集到有效信息呢？收集到有效信息后，我们该如何判断这些信息是否是有效和完整的？

➢ 信息收集的十七种渠道

表 2-5　信息收集的十七种渠道

名称	详细分类	简要描述
互联网	1. 专业项目网站	购买专业项目网账号
	2. 客户网站	登录客户网站，查看有关项目方面的新闻
	3. 搜索引擎	使用关键字进行查询
	4. 省级环保局网站	查看环保局的环境评价审批情况

续表

名称	详细分类	简要描述
互联网	5. 国家环保总局网站	查看国家环保总局的环境评价审批情况
	6. 行业网站新闻	登录行业站点，查看与项目相关的新闻
媒体	7. 行业报纸	公司订阅客户行业报纸（电力、石化、钢铁、有色）
	8. 行业杂志	公司订阅行业杂志
	9. 地方报纸	各办事处订阅地方性报纸
客户	10. 老客户引荐	销售人员让老客户引荐新项目
	11. 老客户内部项目清单	销售人员让老客户帮忙获得客户内部项目清单
	12. 设计院介绍	销售人员向设计院人员了解项目信息
	13. 新客户介绍	未能成交的客户也可以引荐新项目
销售同行	14. 其他厂家销售人员	与销售同行（比如 DCS 销售）交往，交换项目信息
设计院	15. 相关对口的设计院	与行业相近的设计单位
总包、分包	16. 与甲方有直接关系	与我方有直接关联的配套单位
中间人	17. 第三方中间	与客户有直接关系的相关利益人（代理人、中间人、第三方关系人）

➤ 如何保证信息收集的完整性和真实性？

1. 切忌"生吞活剥"

不管你收集到的信息有多大的价值，都要在自己的头脑中多画几个问号：这件事为什么是这样？这件事是怎么发生的？

2. 不要自我发挥

我们收集的信息很难都是那么完整的，不要为了"完善"那些不完整的信息而去自我发挥。一叶落而知天下秋。有经验的销售管理者往往能从这些零碎的信息中，推测事情的全部真相。

3. 保持不偏不倚

对于各种议论，甚至包括各种流言蜚语，既不要偏信，也不要轻疑。如果可能的话，最好了解清楚，再听听周围人的意见，以保持自己不偏不倚的地位。

4. 努力探本求源

事情的经过如何？结果到底怎样？为了把握事情的真相，我们应当到现场去观察，核对原物，核实证据，总之能多掌握点真实情况，自己多累一点也是应该的。

5. 力戒先入为主

事物总是在不断的变化之中的，对于某些日常工作，不要总以为自己十分清楚，在听取汇报或者看汇报材料时漫不经心。有时，我们对于别人的建议听不进去，总以为自己的观点是对的。如果总是这样先入为主，不注意研究新问题，对新问题不采取新的对策，就难免要犯主观主义的错误。

| 第三章 |

"葵花宝典"之二：项目立项

> **引言**：在工业品销售当中，立项的最终目的是成为客户选定的候选供应商，做好后面销售阶段的铺垫。要是立错了项目，为此而付出的人力和财力自然会成为企业的负担。项目立项不仅能够了解客户信息，给客户留下好的第一印象，更能够让客户知道产品/服务带给他的价值，更重要的是项目立项的目的是向下一个环节迈进。

第一节　经典案例分享：小崔的感悟

一、案例前言

我们对待工作要认真负责，对项目评估需要更加客观，销售员必须根据真实情况来收集并整理项目信息，否则项目立项就没有意义了。

二、案例背景

市场发展到今天竞争愈演愈烈，进而发展到白热化的状态，客户的选择也越来越多，需求变化也越来越趋于复杂。相应地，对销售人员的要求也越来越高，对于刚出道的小崔同志来说，又是一种什么样的情况呢？让我们一起走进刚从大学毕业从事水泵销售的小崔同志的故事。有人说，销售是一份值得去奋斗的职业，一份崇高的事业，更是一份神圣的信仰。那么在小崔同志这里，又是怎样的一种概念呢？比尔·盖茨曾经对所有的大学毕业生说过，不要毕业刚开始就要求很高的年薪和遭受社会上的很多诱惑，只有经得起磨炼，未来才会越走越顺。小崔同志带着比尔·盖茨这句经典的感悟，走向了社会，走向了人生，走向了销售岗位。

三、组织架构

销售新人：小崔

四、案例描述

"小家伙，过来，帮我拿这个资料去打印一份。"陈经理在办公桌的那头喊着。

"哦，好的，马上就来。"小崔一边整理客户资料，一边回答陈经理的话。可是心里头还是嚷嚷不停地说："为什么老是叫我，好像我是奴隶一样。真火大，总有一天我一定要出人头地。"

➤ 小崔的幸运

小崔刚毕业，应聘的好几家公司都以各种原因拒绝了。目前，大学毕业生找工作的压力越来越大。而销售岗位虽然起点低，但压力可想而知，做过销售的人都有这方面的感受。因此，很多毕业生都不是很愿意从事销售的工作。特别是工业品行业的销售，就更加累人了，几乎整天都在跑业务，不跑就没有业绩，跑了也不一定有业务，而且销售金额大，一个项目销售的时间长，现在很多年轻人都沉不下心来，再加上与客户打交道时心态不好，销售压力大的现象在小崔这一代人中非常普遍，但是小崔也是实在没办法才从事销售这份工作。幸运的是，小崔进入了一家在行业里比较有名气的 SJ 集团工作，更加幸运的是被分在了陈经理的门下。陈经理在公司里，已经连续 4 年带领团队销售业绩突破亿元，是集团重要的核心骨干之一，在该行业里也是响当当的人物。想要找份工作难，找到一份好工作更难，最难的是找到一位好上司。虽然小崔同志是被逼无奈才从事了销售工作，但在这里，小崔从此改变了职业、兴趣方向……

SJ 集团是一家集科技、贸易、开发、服务于一体，专业从事工业控制及自动化系统的开发、销售的公司，并与多家国际著名厂商合作，引进世界名牌自控工业器材，以满足国内工业自动化日益增长的需求。

SJ 集团是法国施耐德电气公司在中国华南地区最大的低压工控及自动化产品代理商之一，并是施耐德电气公司旗下"美商实快电力"（Square D）配电及工控产品的中国总代理，为美国在华投资企业或欲向美国出口产品的企业提供符合美国标准的电器产品。SJ 集团的香港分公司为 SJ 工业发展有限公司，是施耐德电气公司在香港地区的正式代理商，为机电产品出口企业提供免 CCC 认证的国外原装产品。它们致力于为用户提供完整的自动化系统解决方案，从接线端子到机箱机柜，从按钮指示灯到 PLC，它们都能为用户提供优质可靠的产品。公司多年来凭借灵活的经营方式以及专业技术人员的热忱服务，得到了客户的信赖及支持。它们将一如既往，竭诚为广大用户提供更优质的产品，靠着像陈经理这类优秀的人才，把企业逐渐带向卓越。

➤ 三度思考

小崔进入 SJ 可以说是幸运中的幸运，但在陈经理的管理下，日子却有另一番滋味。当初小崔被分到陈经理团队中的时候，听说过陈经理的名气，他感到很开心，暗暗下定决心要好好学习。但只闻其名，却不知道陈经理的管理及培养人才的方式如何，进来后才知道其有"铁将军"的称号。

1. 一度埋怨

小崔进入公司的第一个星期，陈经理让他做各种各样的杂事，从来不让他出去跑销售。但每次老销售人员召开会议都让他参加，包括让他整理会议纪要。虽然小崔读过大学，这些文字性的小事难不倒他，但是小崔还是希望能够做出一番大事业。现在整天打杂，小崔心里经常埋怨陈经理。直到某一天，他和老销售员黄某聊天后，才清楚了陈经理的用意。

小崔："黄哥，最近搞了多少单子了，也教教小弟我啊，我也很想和你们一样的优秀。"

黄某："陈公不是在教你吗?"("公"的称号在工业品行业是普遍的叫法,说明某人的资历比较深,能力、权力比较大。)

小崔："哪里在教我,只叫我打杂,进来一个多星期了,连个出去跑业务的机会都不给。他怎么和别的经理不一样,你看小范,前天才进来,现在都能去外边找客户了。"

黄某："陈公就是因为不一样,才能做得这么好。如果他和别的经理一样,那他怎么能做到突破亿元销售业绩的?"

小崔："可是为什么他总是让我打杂呢?我是做销售的啊,现在感觉和行政做的工作差不多。"

黄某："呵呵,小家伙,你懂什么?你以后会慢慢清楚的。但是有一点你要记住,按照陈公的指示去做,以后肯定会有出息的。"

和黄某谈过之后,小崔没有再抱怨什么,而是每次做完杂活之后都要想想陈经理为什么要让他做这件事情,这件事情对他有什么帮助。因为在他看来,黄某这么优秀的销售员都这么说了,肯定不会错。

2. 二度上马

转眼间,一个月过去了。就这样,小崔在办公室里忙碌着所有的杂活。有趣的是,他不再抱怨了。因为通过这一个月的打杂生活,他对销售员日常情况下要做的所有事情都一清二楚,而且整个销售程序,包括大多数情况下如何与客户沟通的技巧,也都在开会时从一些老销售员作的总结中学到了。可喜的是,每次老销售员说完,陈经理叫他写会议纪要,相当于他又加深了一遍印象。

突然有一天,陈经理把小崔叫到办公室。

陈经理："小崔,最近觉得工作怎么样啊?辛苦吗?"

小崔："不辛苦,陈经理。谢谢您的关照,我学到了很多。"

陈经理："那都学到了些什么啊?能不能说说呢?"

小崔："要说的实在太多了。如果用一句话来总结,那就是用心、勤奋、坚持、激情。"

陈经理："不错,小崔。总算练完内功了。"

小崔："内功?"

陈经理："我们做销售的,靠心态决定成败。而不是靠一时的销售业绩。所以,恭喜你,明天开始,你可以出去跟着其他的老销售员学习了。"

小崔："真的?谢谢陈经理。"

陈经理："不要谢我，要谢谢你的悟性。一般的销售人员成功是靠勤奋，但是优秀的销售人员成功靠的是悟性。小家伙，前途无可限量啊。"

小崔："呵呵，谢谢陈经理的指导。"

3. 三度立项

由于前期的功课做得比较充足，小崔在跟着老销售员一起出去跟项目的时候显得十分得心应手。不久，小崔觉得可以了，便自己"出山"寻找客户去了。一天中午，陈经理接到了小崔的电话。

小崔："陈公，找到'大鱼'了。"

陈经理："消息确切吗?"

小崔："您还不了解我吗? 需要立项吗? 我觉得可行。"

陈经理："好。回来做个项目申请书给我，进一步分析一下。"

小崔："没问题。但是这个项目比较重要。我想申请多一些项目经费，不知是否可行?"

陈经理："如果是条'大鱼'的话，是可以的。但是要在摸清了竞争对手的情况下，才可以考虑。如果这个项目是个已经被内定的项目，我们岂不是给别人陪标了。"

小崔："好的。我深入了解后，再向您汇报情况。"

陈经理："小崔，小心信息的虚假以及留意客户的合作意愿。"

小崔："好的。"

小崔费劲地跟踪了两个星期。在立项前期阶段，周期性地制订与记录每个项目的销售行动计划和项目跟踪表并有效实施，根据市场信息和客户反馈信息，对实施结果进行分析，确定其成果、得失。对不成功的行动，制定补救的销售策略或措施并落实执行。对上一阶段的实施结果进行评估，确定下一阶段的销售行动计划，把销售行动计划清清楚楚地列出来，并很有自信地交给了陈经理。

➤ 小崔的成长

陈经理看了看小崔，再看了看项目建议书，想了想，最后还是批了。只是项目费用没有给那么多。毕竟这是小崔的第一次亲自操作，小崔的热情十分高涨。为了把项目做好，一个月不到，就把自己的鞋给跑坏了。可是两个月过后，对方公司突然宣布与另外的公司签合同了。小崔感到十分意外，也实在想不明白为什么会出现这种情况。小崔觉得自己已经做得很好了，可最后还是输给了竞争对手。

就在小崔很伤心的时候，陈经理陪小崔到小店里喝了点儿酒，还劝他不要泄气。自从这个事情过后，小崔成长了不少。"抱着最大的希望，做最坏的打算，用平常心去面对工作"是小崔成长过程中的最大体会。最终，小崔成了SJ集团的核心人物之一。

五、案例分析

现代企业非常重视销售工作，使销售人员占据了庞大的市场需求，但企业真正招聘到适合自己的销售人员很少，即使偶然招聘到了，却很难让员工成长起来。原因在于企业普遍感到目前销售人员浮躁，大部分都称三天熟悉市场，一周即可胜任工作，可事实呢？眼高手低，最终不是跳槽，就是惨遭淘汰，无论何种结局，对双方来说都是损失。

（一）浮夸之谈的教训

案例中小崔的失败，其中的一个原因就是小崔的浮躁。从以下几点可以看得出来：

（1）小崔之前一直都处在实习的阶段，没有正式接过单子。虽然跟着老销售员一起接过项目，但是，对于一些细节并没有那么精通，还需要进一步学习。相信陈经理让他立项，肯定是想给他一些正式的立项机会，并不是抱有百分之百的心态去支持小崔。新人只能说是有潜力，但是并不能马上成为精英。

（2）小崔虽然费劲地跟踪了客户两个星期，且在立项前期阶段，也周期性地制定与记录了每个项目的销售行动计划和项目跟踪表并有效实施，但是市场上的客户早已都是"人精"，吃喝着供应商的，最后却"放鸽子"的事情在行业内是屡见不鲜的。小崔没有意识到这点，以为根据市场信息和客户反馈信息，对实施结果进行分析，确定其成果、得失，对不成功的行动，制定补救的销售策略或措施并落实执行，对上一阶段的实施结果进行评估，确定下一阶段的销售行动计划，把销售行动计划清清楚楚地列出来就能够搞定客户，忽视了客户的能力。

（二）项目立项的成功条件思考

项目立项的里程碑是通过公司项目流程筛选，并内部准备跟踪。

项目立项的目的不仅是能够了解客户信息，能够给客户留下好的第一印象，而且是能够让客户知道产品/服务带给他的价值，更重要的是能够向下一个环节迈进。而在该案例的项目立项中，小崔并没有很好地将对方的实际情况挖掘出来，就盲目立项了。

无论谈话进行得多么顺利，无论你的联系人表现得多么的友善，如果没有进一步发展的机会，没有承诺合作的意向，则该客户仅仅是潜在的客户。每一步骤的目的是将向潜在客户进行销售的过程向下一个环节推进，所以如果客户明显地表现出对所提供方案的兴趣，则说明我们可以进入下个环节了。如果对方没有明确的表示，而我们认为这个项目值得做的话，那么可以深入接触，进一步引导客户。如果对方不感兴趣，还要盲目立项，那么结果就没有意义。小崔只是表面上觉得可以立项，并没有得到对方项目决策人的明确表示。这也是导致小崔失败的原因之一。

六、案例延伸

在项目立项环节中，借用"小崔的故事"给我们企业带来了思考——如何管理没有经验的销售人员。业绩、订单成为每位主管控制销售人员的法宝，长此以往，销售人员也以销售订单论英雄，不免走入急功近利的怪圈，逐步步入陷阱中。

对项目立项的理解，我们应该明确项目立项的标准，以及项目立项审批表该如何填写等信息。

（一）项目立项的标准"MAN"

从大量的项目销售线索中筛选出潜在客户的项目信息的标准，即"MAN"原则。

M：Money，代表"金钱"，所选择的对象必须有一定的购买能力。

A：Authority，代表购买的"决定权"，该对象对购买行为有决定、建议或反对的权力。

N：Need，代表"需求"，该对象有这方面（产品、服务）的需求。

只有同时满足这三个要求，这个项目对我们来说才有继续跟踪的意义。可以说，客户应该具备这些特征，才可以作为潜在客户有效筛选出来。

（二）结合具体公司的项目，我们可以形成如表 3-1 所示的立项审批表

例如：

表 3-1 ××公司营销中心新建项目立项审批表

编号：　　　　区域：　　　　　办事处：　　　　　项目负责人：

项目名称		建设地点	
投资方		项目甲方	
开工日期		竣工日期	
设计院		预计投资额	

评审第一步：项目评估（必要）

评估要素	标准	权重	评估结果
需求匹配	我方产品能够适合的目的工作条件与工艺条件	必备条件	

评审第二步：项目评估（充分）

评估要素	标准	权重	评估结果
1. 项目调换	以预计采购金额 20 万元为标准	15%	
2. 项目性质	以新建项目，有设计院参与为标准	10%	
3. 行业匹配	以冶金、有色、化工、自备电厂为标准，轻工建材按 15%；石化、团网电厂按 10%	20%	
4. 企业性质	外商投资或国有独资为标准，国有独资控股；上市公司或中外合资为 4%；股份制为 3%；国有独资企业为 1%	5%	
5. 资源匹配	（1）以前与该客户曾经有过成功合作 （2）已经有固定代理商为客户服务 （3）设计院主设支持 （4）客户对产品和品牌认可度高 （5）该项目处于成熟市场，有众多业绩支持 （6）可以抽调出销售人员跟踪该项目，若不能完全满足标准，少一条则减少 5%	30%	
6. 采购周期	1 年以内采购为标准，1 年以上 1 年半以内为 10%，1 年半以上 2 年以内为 5%，超过 2 年的为 0	15%	
7. 审批评估	通过环境评估和/或发改委审批为标准，否则为 0	5%	
立项申请理由			
大区经理意见			
销售副总意见			

第二节 经典案例分享：失去了方向标，
该如何是好？

一、案例前言

项目立项的关键是项目的取舍和分类。选择出价值大、成功概率高的项目进行立项，将有限的资源和人力放在有把握的项目上。有舍方有得，切忌"拉到篮子里就是菜"。

二、案例背景

我司是从事汽车水箱配套销售的，与某省公交公司合作了多次，但是我们想做独家销售。然而关键人员的离职，导致后续工作无法进行，甚至项目立项都非常困难，怎么办？

三、组织架构

副总经理：闵总
技术经理：黄经理（原来的）
修理厂长：陈厂
技术经理：赵经理（新来的）

四、案例描述

➤ 小批量使用

2012年，我司产品在某省公交公司修理厂陈厂长和技术部黄经理的指导下，实现了两台车的改装试验项目。经过近一年的考察，我司产品使用效果良好，达到了优化高温的效果，其间我与陈厂长和黄经理关系也相处得甚好。

2013年7月，某省公交公司直接采购了80台车，并安装了我司水箱，其中，汽油型汽车25台，纯电动汽车55台。

然而，经过几个月的运行，55台纯电动汽车经常出现高温现象，后期经过技术整改，基本解决了高温问题，但耗电较高。

2014年8月，某省公交公司零部件招标，我公司中标第二标，签订了两年的供货协议，占其采购车辆安装水箱20%的份额，主要是原来的产品使用效果不够理想，并且竞争对手是公交公司的关系户，我也多次去找某省公交公司协商，黄经理答应再买车优先使用我们的产品。

➤ 关键人员忽然离职，对我方不利

2015年7月，黄经理辞职。对于新来的赵经理只有一次礼节性拜访，没有深层次的交流。原来的陈厂长，因为之前的产品使用效果不够理想，导致他不愿意参与，故意回避我们，至此，这个项目几乎断了，导致项目无法进一步开展下去。

后期，某省公交公司也招标过几次，我司几乎无法进入，甚至招标信息都无法接收到，项目至今没有新的突破。

五、案例分析

从以上案例分析，前期由于得到陈厂长和黄经理的帮助，我们也获得了小份额的订单。但是要想获得大份额的订单是不容易的，而且最后能帮助我司的关键人黄经理也离职了，这样等于失去了一条臂膀。因为在这些环节中缺少具体的采购信息，有效信息不完整，因此不能够立项通过。

六、案例延伸

在项目立项环节，我们如何制定有效的行动方案，使其在后续阶段中起到重要作用？

（一）如何进行客户的组织结构分析

1. 客户决策小组内部组织分析图组成部分

（1）客户决策小组的组织结构图，如果有关联机构或部门的话应该把关联机构或部门也体现出来。

（2）重要决策小组成员的立场、角色、性格。

（3）客户决策小组内部的派系分析。

2. 采购决策小组成员在项目决策中扮演的角色

（1）决策者：对项目进行拍板定夺，比如项目总指挥。

（2）技术评估者：对项目决策具有技术评估权，比如工程部、技术工程师。

（3）商务评估者：对项目决策具有商务评估权，比如采购经理。

（4）使用者：实际使用部门，比如施工单位。

3. 采购决策小组成员的立场分析，客户方采购小组决策成员与我方关系的广度和深度分析

（1）中立者：做事不偏不倚。

（2）良师益友：从感情上和行动上坚定地支持我们。

（3）支持者：从产品角度支持我方方案。

（4）反对者：从产品角度反对我方方案。

（5）死敌：从感情上和行动上坚定地支持竞争对手。

4. 采购决策小组成员性格分析模型

（1）S 型：优柔寡断，好的倾听者，不愿承担风险。

（2）D 型：果断，强势，不愿被别人左右。

（3）I 型：友好，开放，愿意与人交往。

（4）C 型：怀疑，不相信感情，相信数据，不愿意与人交往。

（二）项目立项，如何利用客户组织结构图制订行动计划

表 3-2　如何利用客户组织结构图制订行动计划

目前项目阶段		项目跟踪人	
行动计划			
阶段目标	□让客户方采购的关键人成为我们坚定的支持者，并表现为实际行动 □取得项目最高决策层的实际行动支持		
客户方决策关键人动向分析与高层公关策略	1. 支持我们的人是否确定拥有最终决策权力 2. 是否还有被我们忽略的高层能够发挥影响力（他可能从未出现过，或我们始终没有机会与他接近） 3. 与支持我们的关键决策人的关系处于何种阶段？他是否能在后期坚定地支持我们？他还有哪些疑虑和需求我们还没有发现 4. 高层销售：如何接近最高决策者？如何与他建立信任？如何引导他认同并支持我们？如何通过他向采购或技术部门施加影响 5. 高层的公关策略（关系巩固策略）		

续表

目前项目阶段		项目跟踪人	
行动计划			
竞争对手动向分析	最具威胁的竞争对手有哪些动向（与客户方决策者、设计师、采购人员之间的联络动向）		
关键的决策流程控制	1. 客户会通过何种方式做出最终决策 2. 支持我们的力量能否在最终决策的过程中占据优势 3. 是否存在失败的风险？如何控制风险，确保成功		
技术方案撰写过程控制	1. 撰写技术标准书的人是谁？审核各企业技术方案文件的人是谁 2. 我们是否已经确认他按照我们的预期撰写技术方案了 3. 如何采取措施控制技术标准撰写的过程		
阶段行动计划	1. 行动要点 2. 实施步骤 3. 人员分工 4. 费用预算		

| 第四章 |

"葵花宝典"之三：深度接触

> **引言**：并不是所有客户方的人员都是我们要联络的对象，只有能够帮助我们推进销售流程、拿下销售项目、获得销售订单的人员才是我们的客户方联络对象。深度接触的关键在于成功发展教练，并通过其了解隐形的客户关系图。能否确保项目运作的顺利进行，发展教练在前期尤为重要。

第一节 经典案例分享：巧用教练，赢得突破

一、案例前言

本案例巧妙地运用"天龙八部"中的深度接触。关键在于如何有效发展教练，通过教练了解到关键信息，最终能够帮助我们制定有效的策略，从而使得项目能够签订协议。

下面的案例中主人公小木是如何巧妙运用深度接触中的教练，成功签订单子的呢？

二、案例背景

小木是 W 公司的销售人员，他通过网上的市场调查，得知在某市有三家石材厂有大型桅杆吊，而且每家的生意都是开工率足。第一家 Y 名气很大，生产量也非常大，但我们没有机会见到决策人。第二家 Q 生意也很好，名气也高，能见到决策人，但是对方提出的条件非常苛刻，也不急于测试我司的产品。第三家 Z 工厂生意不错，能见到决策人，有打算测试能提供更好质量与价格的大型桅杆吊。

小木得知这个消息后，他感觉还是有机会找到一家测试我司产品的石材厂的。

三、组织架构

工厂经理：杨经理，采购决策人

工厂财务：李经理，是位年轻人，没有决策权，但他经常接触大型桅杆吊采购订单相关事宜

大型桅杆吊操作员：小丰，没有决策权，但知道各家的表现，有时会向工厂经理反馈真实的情况

四、案例描述

➢ 初步接触

Z 工厂为集团下设的一个石材加工厂，集团老板不负责工厂的采购事宜，工厂经理有权决定购买大型桅杆吊机与大型桅杆吊绳，因此他应该是我要重点攻破的对象。但是初始阶段对方对我司的产品不够信任，不过我请求先在他的工厂里观察几天，目的是了解一下工厂大型桅杆吊机的运行情况。

➢ 深度接触，博得好感

得到 Z 工厂的同意后，我便留了下来，其实我的用意是想接触财务李经理，他是在某市打工的外地人，没有什么本地的朋友，比较孤单。正好我住的宾馆与财务李经理住的地方不太远，因此我到当地正好多一个人可以与他聊天。

通过与他人交流得知，之前供应商都有提供返注，工厂就一个财务，他每天

还有很多文字上的工作要汇报到集团总部，已经是够忙的了。同时还要统计很多工厂内的数据。比如大型桅杆吊的资料不但要统计，还要计算价格，同时还要安排进口、出口，再进行一系列的跟踪与处理文件的工作。我出于热心就直接与李经理说，我司不需要返注，所有的单据都是一次性完成，使用我们的产品能给他减轻很多工作负担。而且我也给他看了我司的切割报告。财务李经理对我们的产品非常感兴趣，他也给我看了其他公司的切割报告，这第一步成功了。

> 建立良好关系，赢得信任

只看到竞争对手的报告还是不够，如果能从他那里得知对手的报价等信息，那我就能做一个好的报价给工厂经理，赢得测试的机会。通过三天的交流，他也看到我不仅是销售产品，同时还能现场给工厂做一些指导。另外，我也在P市工作过，他的城市我也去过好几次，我告诉了他我选择现在的公司，选择卖这个产品的原因。因为我们的产品技术是世界领先的。如果他以后回到老家工作，我可以传授给他我的经验，他完全可以找到与我现在相类似的工作。而现在，我需要知道G公司给他公司的真正价格，如果我知道这个，我可以更有信心使我的公司通过测试，成为他的供应商，并且也可以做得更好。就这样，他提供给我欧洲几家公司的报价信息，以及相应的评价。这使我签单速度加快。

> 贵人相助，赢得测试订单

与工厂经理交流测试我司大型桅杆吊时，由于财务提供了工厂的基本信息、竞争对手报价及质量信息。我们的报价是比对方偏低的，但是我们的质量比竞争对手的质量都要好，更重要的是，我们的服务比竞争对手的服务更好。最终，工厂经理同意我们的建议，先测试我司5条大型桅杆吊。在整个测试过程中，我们全程跟踪。我们的质量完全超过竞争对手的质量，同时我们还为工厂节省了很多额外的成本。第一个测试订单成功，我想距离客户下一组的正式订单也不远了。

> 坦诚相待，最终签订订单

正式订单在使用过程中，还是出现了一些异常的情况。但是通过前期的双方了解，客户还是给了我们第二次机会，第二次表现相对好些。同时，在另外一台设备上不同规格的大型桅杆吊的表现是正常的。虽然在切割过程中，出现过不小的异常情况，但是客户后来有持续地下单，双方关系也相处得很融洽。

五、案例分析

这个案例中小木成功地使用“天龙八部”中的深度接触环节，巧妙地运用发展教练的技巧，与教练发展出友好的关系，从而赢得教练的信任，最终在签约成单中顺利通过。

六、案例延伸

（一）关系接触，寻找教练

在项目初期，销售人员就寻找到一位非常出色的教练，这位教练非常接近决策中心，提供了很多有价值的信息，正是这些信息才推动了项目的进展，直至成功。可以说，如果销售人员在项目中不依靠教练提供的信息进行决策，这个单子几乎没有希望签下来。

（二）搞定教练的策略

（1）了解教练必须具备的特点。

（2）熟知企业内部情况，最好也是项目内部人员。

（3）愿意帮助我们，给予积极的信息反馈。

（4）利用教练必须达到目的。

（5）得到公司内部的组织架构、内部关系倾向、竞争对手等信息。

（6）指引我们联系更多的人并协助制定竞争策略。

（7）协助我们将项目向前推进。

（三）要学会保护教练

（1）教练是配合我们工作的，不是代替我们工作的，他们是帮助项目朝有利于我们的方向发展的，而不是控制项目发展方向的。

（2）发展教练不容易，所以要学会保护自己的教练，包括我们对教练的保护和教练的自我保护。

（3）如果教练在项目初期就暴露出来，就会轻易地被对手屏蔽掉。

（4）一般来说，教练基本上没有项目经验，不知道该怎么做。所以，我们要培养教育我们的教练怎么去做，该注意什么。

（四）建立良好关系，学会赞扬教练

"天龙八部"是一个精细化的过程管控思路，只有把控好每个步骤，才能最终赢得签单。这对于工业品营销非常重要，值得所有的工业品营销人员引起重视。

第二节　经典案例分享：以智取胜，小鬼也能搞定

一、案例前言

如何使一个项目经过重重困难，最终尘埃落定，我们应该从以下几个方面做好准备工作：

（1）明确客户的组织架构及内部分工（态度、角色、能力）。

（2）成功发展出我方的 1~2 名教练。

（3）明确客户内部的采购流程及关键需求。

（4）分析竞争对手，制定并实施有效的竞争方案。

（5）通过技术或者实力展示，让大部分人认同。

（6）获得决策人士的倾向性，提供建设性意见。

如何利用以上准备工作赢得项目订单？我们不妨来看看下文的案例。

二、案例背景

小刚就职于一家电子产品的供应商。2014 年，小刚去上海出差，从一位同行朋友处得知，M 公司也有继电器、开关等，年产不同规格产品为 3000 万元。现有电子产品的第一供应商是 N 公司，第二供应商是 G 公司。

M 公司的产品在某市的 B 公司生产，即 B 公司是 M 公司的代工厂。

三、组织架构

老板：陈总（立场中立）

研发部：汪经理（教练）

采购部：慕经理（反对者，采购决策者）

研发工程师：栗工（支持者，负责测试）

采购员：小杨（支持者，教练）

四、案例描述

> 偶然所遇，获取有效信息

小刚回公司后，通过 M 公司的总机电话，转到了采购小杨处，从他那里证实了该需求，并且小杨称他们公司各系列开关一年的采购量大约是 3000 万元人民币。这对于我们生产电子产品的企业来说是一个比较大的项目了。

朋友的有效信息，以及经过 M 公司小杨的验证后，使小刚在这个项目中看到了希望。

> 锁定目标，项目立项

在了解并证实以上信息后，小刚立即向公司丁总汇报情况。丁总让小刚先去该公司实地考察，并且尽可能多地认识一些 M 公司的工作人员。从初次接触该公司以后，确定了 M 公司电子产品需求量大的可能性极大，在这种情况下，小刚的公司确定 M 公司为本年度重点开发对象。

> 关系接触，发展教练

决定开始重点开发 M 公司以后，经过小刚的多次拜访，M 公司的主要成员基本认识全了。

具体过程如下：

（1）初次接触。

第一次通过总机电话与采购专员小杨联系后，小刚半强制性地拜访了 M 公司。

在第一次会谈中，小刚简要介绍了公司历史、产品，以及同行、同地区比较大型的合作单位，主要意图在于向客户传递本公司实力强大的概念。同时，小刚还重点了解到 M 公司关于各系列开关和继电器等的产能、所用电子产品的年总需求量，以及小杨本人的情况，例如，家乡、年龄、毕业时间等。在会谈接近尾声时，小刚提出与主管采购的领导见面，于是小杨带小刚见了采购负责人慕经理。在和慕经理的沟通中，他没有否认电子产品的需求量，以有长期稳定并且多家供应商，表示会仔细阅读小刚公司的资料，在需要的时候会主动联系便把小刚打发走了。后续又多次电话联系慕经理邀约拜访，结果都被慕经理以各种理由推脱。

慕经理是个比较难接触的人，而且有长期合作的供应商，所以要发展为我方教练有点困难，但是慕经理是采购决策人，应该在这里下一点功夫。

在初次接触之后，确定了采购专员小杨虽不是决策人，但对 M 公司是有所了解的，因此，小刚在 QQ 上与其保持密切联系，并且出差上海的时候都会顺便邀请小杨出来吃个饭。一来二去，又因为小刚与小杨年龄相仿，共同话题比较多。后来，又了解到小杨计划在其生日期间与男朋友一同前往厦门旅游。由于小刚此前在厦门工作过一段时间，于是便给小杨制定了一份旅游攻略，并且将该情况汇报给公司的丁总。丁总在小杨厦门旅游期间安排其他同事进行接待。在此之后小杨向我透露了很多 M 公司的相关信息，例如，研发部汪经理以及 M 公司老板陈总的联系方式等。

成功发展小杨成为我方的教练，这样对于我们的后续工作将有很大的帮助。

（2）深度接触。

在多次联系采购部慕经理无果的情况下，小刚决定绕开采购部慕经理。于是，小刚通过小杨所给的 M 公司陈总的联系方式，联系上了陈总，可陈总还是将此事推给了采购部门。然后，小刚就请公司的丁总联系 M 公司的陈总，丁总争取到了上门拜访的机会。最终，小刚和丁总一同上门拜访了陈总。在会谈中，陈总叫上了采购部慕经理和研发部汪经理。此次，陈总给了小刚公司打样的机会。此次拜访之后，小刚以沟通产品技术要求为由多次拜访了汪经理，以及汪经理手下的栗工。并分别邀请汪经理和栗工外出吃了几次饭。在这几次商务活动中，小刚了解到：汪经理和慕经理最早是一家国企的同事，汪经理是作为专家人才由陈总挖过来的，后来汪经理介绍慕经理来到 M 公司，主要负责采购。之前的产品品质管理付工因为休产假，所以品质管理暂时也由慕经理兼管。在慕经理负责采购以后，电子产品的采购逐渐转向南洋公司，而原来的 G 公司因为各种小问题，逐渐减少采购。汪经理对于慕经理的做法存在一定的意见，所以在几次商务活动后，我们成功地将汪经理发展为教练。汪经理表示"你们尽管先将样品送过来，测试是我们研发部门说了算"。

成功发展汪经理为教练，有了陈总的认可，还有汪经理的大力支持，我们得到了样品送样的机会。

> 贵人相助，突破重围

在深度接触得到陈总送样的机会后，小刚就从研发部拿到了产品规格书和样品。因为前期对于栗工的商务活动，栗工也把小刚的事情放在首位，在送样后，一个星期内就给出了合格的测试报告。随即小刚就给采购报价，在报价阶段以及后面慕经理多次提出的降价要求（据小杨透露，现有供应商 C 公司的降价，是针对我司的抵挡策略），都得益于采购员小杨，所以每次的报价都很恰到好处。就这样，小刚和 M 公司内部教练这么一推一拉，总算是得到了 M 公司的小批量产品试产。

可是采购部慕经理始终对小刚持排斥的态度。所以在整个需要与慕经理接触的过程中遭到了百般刁难，处境十分艰难。这严重影响到小刚公司进入 M 公司成为第一供应商的进展。由于 M 公司除了采购兼品质管理的慕经理，其他人员都比较热心配合，所以最终小刚公司还是获得了大多数的订单。

五、案例分析

这是一个依靠内部教练"绕道"取胜的案例。

（1）在报价阶段，采购员小杨向小刚透底，使小刚能一次次从容应对慕经理的降价要求。

（2）基于汪经理对慕经理做法的不认同，或者说眼红，使汪经理为小刚方出谋划策。

（3）通过陈总得到的打样机会，相当于给了小刚入场券，为公关 M 公司撕开了一个口子。

六、案例延伸

从以上案例来看，运用了"天龙八部"之深度接触技巧智取了订单，可以来看看案例中运用了哪些知识点：

（一）挖掘主要问题

（1）发展教练是本案例中最为重要、最为基本的条件，他相当于我们的眼睛和耳朵。

（2）在某一条路走不通的时候，可以试着绕道而行，或者越级而行。

（3）找出内部与现有利益有冲突或者不满的人，这往往是最为脆弱的地方。

（4）对于客户高层，自己的力量无法得到预期效果时，可以请我方高层进行公关。

（5）在利润允许的情况下，各开发阶段所涉及的利益关系最好都打通。

（二）学会分析教练的需求

表 4-1

分类	个人需求	组织需求
内容	1. 尊重 2. 安全 3. 家人 4. 社会荣誉 5. 个人爱好 6. 前途 7. 钱途	1. 项目安全性 2. 符合国家/行业安全标准 3. 符合组织要求 4. 符合招标要求 5. 符合供货要求 6. 确保提供优质服务 7. 项目投资收益率 8. 提供采购招标方案
搞定策略	1. 利益兑现 2. 满足个人需求	1. 解决实际问题 2. 与竞争对手有明显的差异化

第三节 经典案例分享：过于信赖未必是好事

一、案例前言

教练有可能是你成功之路上必不可少的人，但同时，教练也有可能让你痛失订单。在发展教练的环节中，一定要谨慎选择你的教练，要发展多名教练，并且不能过度依赖教练提供的信息。

来看以下这个案例，过于依赖教练，是让他如何和订单擦肩而过的？

二、案例背景

根据市场数据，某市化工厂新建大型项目需要采购一批泵，针对信息我方于

2014 年 4 月开始追踪。得知该企业要招标项目 R 流程泵+O 离心泵+M 磁力泵一共 153 台，但最终的商务判别是最低价格中标。现有 Q、X 两家竞争对手也虎视眈眈地观望着。

三、组织架构

某私人老板：郭总（决策人）
用户仪表负责人：马经理（教练）
采购主管：谭经理（老板的弟弟，被竞争对手 X 拉过关系）
生产主管：廖先生（被竞争对手 Q 搞定，而且跟随老板多年）

四、案例描述

> 信息确认，初步沟通

确认过准确信息后，我便通过总机电话联系到了用户仪表的负责人马经理，电话初步沟通后，马经理对我方是比较认可的，便同意我上门拜访交流。

> 深入接触，技术交流

前后多次拜访交流后，我成功发展用户仪表负责人马经理作为教练，做足了商务关系。马经理同时也希望借此项目得到晋升机会，因为这个项目也是他第一次经历，所以也想在领导那边好好表现。我也全力协助他完成大部分技术参数确认。后续操作中，马经理多次第一时间给我竞争对手信息、公司内部信息、竞争对手技术方案及报价，供我参考。

> 商务谈判，疏忽大意

本项目最后的商务均由主管采购的谭经理（老板弟弟）掌控，但所有报价均是报给马经理，采购谭经理是按照他确认的技术条件及报价来谈商务。该公司主管生产的廖总被竞争对手（Q）搞定了，谭经理被竞争对手（X）拉过关系，考察供应商的三人（老板郭总、仪表的马经理、采购的谭经理三人）对 Q 公司、X 公司、我方的印象较接近，反映我方生产规模偏小，质量控制我方相对要严格、可靠。但最终的商务判别是最低价中标。

> 大局已定，无力扭转

项目 R 流程泵 + O 离心泵 + M 磁力泵一共 153 台，我司一报总价 168.8 万元，Q 公司一报 165.6 万元，X 公司一报 170 万元。最终报价分两个，R 流程泵、O 离心泵。62 台 R 流程泵我司报价 39 万元，Q 公司报价 36 万元，X 公司报价 37 万元，其中定位器之前被我司设置过国产智能型定位器价格保护，最终另外两件均建议使用 BT 智能型。R 流程泵被 Q 公司抢走了；O 离心泵最终报价为我司报价 95.8 万元，Q 公司报价 97 万元，X 公司报价 93 万元及两年质保。从价格上完全拼不过，最低价中标，至此，X 中标，我司项目丢标。

五、案例分析

从以上案例，可以分析出以下几点问题：

（1）自身操作项目的经验不足，一开始意识到用户仪表负责人负责参数的同时又收集报价，但没有仔细了解用户单位的组织架构，客户内部人员关系攻入较单一，且此人项目把控能力一般，在关键技术参数上犹豫、不果断最终导致我们的价格不占优势，没有降价空间。

（2）对采购部谭经理的工作做得不足。此人较为圆滑，加上 X 公司对他做过工作。在后续的报价过程中，不顾及技术上的方案，直接按照设计院参数让给出报价，导致价格不占优。

（3）项目刚开始均由主管生产的廖先生接洽供应商，之前做过几次工作，此人很难攻破，他一直是跟随郭总成长起来的，后面才知道他被竞争对手拉拢了。

（4）马经理之前没承担过自控项目，在后续的操作过程中不果断，对技术参数要求不严格，导致 O 离心泵技术壁垒没被其他竞争对手所用，R 流程泵技术壁垒后续也被突破。此人较为胆小，在商务谈判过程中丧失了作用。

（5）过度依赖教练的信息，教练对项目进度的把握也托大。没有在最佳时间赶到用户现场，商务谈判稍晚。

（6）用户对阀门的认知度较低，对阀门定位、产品认识不专业。我在前期交流的过程中让他们感觉我们的产品"高大上"，但在后续参观后得到反馈，几家竞争者水平相差不大，导致后续商务谈判中我方阀门定位优势丧失。

六、案例延伸

从上述案例可以看出，项目之所以失败是太过于依赖教练，而且此人较为胆小，之前也没有承担过自控项目，缺乏经验，对技术参数要求不严格，是失败的因素之一。没有发展多名教练，疏忽了其他人的作用，这是项目失败的关键。

我们还应该注意以下几点：

1. 多教练原则

（1）教练不宜只发展一个，可能的话至少发展两个，一方面可以保证了解的信息全面，另一方面也可以进行信息的相互验证，验证是否是真的教练。

（2）项目教练，随着项目阶段的不同，教练可以不断改变。

2. 学会防范教练两面三刀的风险，形成有效的技术壁垒

关系程度＜50%＝糟；关系程度为50%~75%＝一般；关系程度＞75%＝好。

3. 关系深入度的评分标准

表 4-2

1分	2分	3分	4分	5分
非常差，直接指责我方的参与，强力反对我方	比较一般，表里不一，口是心非，流于形式	不好不坏，无所谓，认同也可以，不认同也行	比较认同，对我有好感，包括我不在，也能客观表达我方的支持立场	非常认同，是我方的粉丝，对我方的决定持开放性意见

第四节　经典案例分享："死缠烂打"这一招高

一、案例前言

得到客户的承诺比什么都有价值，特别是对付款的承诺。经过长期交往，能够与客户建立良好的信任关系，也因为这层关系，客户偶尔也会要赖。所以，要想让客户掏腰包，除了给予承诺，还需要找对付款的关键人，这样我们才可以"对症下药"，让客户心甘情愿地掏腰包。接下来这个案例是方总和王经理是如何让周总心甘情愿地支付尾款的。

二、案例背景

2015 年 8 月，某市私人企业 H 公司在 2014 年与 W 公司合作采购 500 吨（价值 500 万元）的产品之后，再次发出新年度合作邀约，总采购量 1100 吨（是年采购量规模少见的客户）。

付款条件与 2014 年相同，不打定金，不打预付款，不提供资产抵押担保，85 天账期，250 万元信用额度，到期支付。同时，H 公司周总同时声称自己视信用胜过生命，如同意合作，愿意采购不低于 500 吨的产品。后期，周总借故挑明将 500 吨的采购订单给了另外一家供应商，余 250 吨的采购订单视两家供应商的表现追加给优秀的那一家。经过反复考虑和高层接洽，W 公司接单操作，合同履约过半到期后，H 公司像 2014 年一样准时履行了付款义务，然而全部供货完成至 2015 年 11 月到第二期结算时，周总称资金出现困难。

三、组织架构

H 公司：周总，决策人
采购主管：小丁，教练关系（周总亲戚）

四、案例描述

➤ 教练提供情报

快到年底了，又到了回收款项的时候了，W 公司项目王经理与小丁提前对清了账目，由于和小丁关系不错私下进行了打点，小丁诉说了货款结算的难言之隐。

➤ 老总拜访，深度接触

W 公司营销总监方总亲自登门拜访，首次恳谈逾期货款支付事宜，并借第一场冬雪到来之际主动预约邀请品尝西北入冬美食——山羊手抓肉。周总心生歉意且碍于情面拒绝了邀请，改为主动邀请品尝海鲜。没想到，W 公司王经理与方总届时赴宴之后，周总始终面露难色，绝不提还款之事。临了分手之际，方总坦言自己的苦衷与企业内部经营压力，再次恳请周总与总公司内部协调尽快付款。

> 商务公关，需要耐得住寂寞

之后，W公司王经理除了隔三岔五地不是提上土特产上门询问，就是电话好言好语地打听资金回笼信息。但是，周总的每次承诺仿佛肥皂泡一样，一个个很快消失，回款时间遥遥无期。无奈之下，W公司也做好了寄发催款函和律师函的最坏准备。

> 伸出援手，感动客户

然而，周总女儿出嫁和家中老奶奶过世又给王经理和W公司提供了两次"表现"的机会。除了个人随礼表达心意之外，W公司也是频频出现，忙前忙后，红包份子自不必说。就在这个关键节点，工地监理传来产品质量出现问题，经过W公司售后现场勘验，不属于W公司产品质量问题，但是为了结款的顺利和今后的合作，W公司在已经下雪无法施工的环境下，高价外请专业安装工人（很多民工都已返回老家过年，留下的民工主要也是催账的），在工地架起炉火取暖并高空作业施工，配合A公司完成了现场整改，前后共花费了10天时间。

> 皇天不负有心人，付出终于有了回报

皇天不负有心人，终于在2015岁末新年来临前夕，A公司第一批材料款到位，周总在支付民工第二批工资前，终于将W公司余款支付完毕（其中一半以6个月的银行承兑支付）。

五、案例分析

在这个案例中，王经理的成功表现为找到关键人。对于周总，他没有体现出半点债务上的态度，他秉着友情的关系，在周总家遇到红白喜事时帮了大忙。最让人感动的是在检测出工地产品质量问题，而且不是W公司问题的情况下，王经理还高价聘请专业的安装工人帮助周总解决问题。我想，最终他能顺利收到尾款，也是因为这点打动了周总。总结几句心得：王经理能在保证我方的立场上权益清晰，能够找准关键人，面对事情帮助客户解决，就是利用这样步步紧逼不给客户喘息之机，从而让客户不得不支付尾款。

六、案例延伸

如何才能与教练发展关系，发展关系有什么具体的行动策略（见图4-1）。

图 4-1 与教练发展关系

（一）策略 A

（1）电话中介绍自己和公司。

（2）上门拜访介绍自己、公司和业务。

（3）找话题，如寒暄、新闻、天气、见景生情、兴趣、爱好、外表及服饰、气质。

（4）熟人推荐。

（5）主动提供有价值的信息。

（6）提供公司层面的礼物、礼品。

（7）多次互动、日常的维护。

（8）建立信任感。

（9）参加技术交流等活动。

（10）制造邂逅的机会。

原则：有关系用关系，没有关系强迫构成关系！

（二）策略 B

（1）组织一起活动，邀请他参加。

（2）私下接触，请他喝茶。

（3）投其所好。

（4）我懂得欣赏他，让他有自豪感。

（5）给予私人的小礼品。

（6）帮他解决实际的问题（如孩子、父母方面）。

（7）帮助他在工作或者生活中的问题。

原则：朋友来自关心，关心来自用心！

(三)策略 C

(1)达成利益共同体(公司、个人)。

(2)主动介绍高层认识,形成高层互动。

(3)减少、降低采购的风险,让对方有安全感。

(4)主动向他或暗示他提出交易的要求(假设成交法)。

(5)私下有积极的互动(多时间沟通)。

(6)"同流合污"(兴趣、爱好比较多)。

(7)解决其个人、生活中的特殊问题(如孩子、父母等方面的问题)。

(8)把私人隐私告诉你。

(9)对你产生情感的依赖,有事总是喜欢找你商量。

原则:生意产生于双方的利益驱动,利益驱动来自于需求满足!

(四)策略 D

(1)双方家人经常走动,一起组织家庭活动。

(2)一起干过关键的事情。

(3)告之双方的极度秘密、隐私。

(4)有共同的价值观、信仰(精神层面)。

(5)与你合作,利益(价值)最大化。

(6)共同的核心圈(上层、高尔夫、MBA……)。

(7)患难之交见真情。

原则:四大死党产生于相互依赖,相互依赖来自于经常互动!

| 第五章 |

"葵花宝典"之四：方案设计

> **引言：**客户对我们提出方案设计的要求，某种意义上说是为了考察我们是否具备完成项目的能力。我们应竭尽全力完成需要解决的方案，并且通过不断的沟通，完善我们的设计方案，使方案满足客户的要求。这可以让我们在客户面前展示我方在方案设计方面的优势，展现我们的工作风格和尽心尽力为客户服务的工作态度。

第一节　经典案例分享：黎老传授的"独门秘诀"

一、案例前言

看过金庸小说的人都知道，"独门秘诀"是各大门派的镇敌之宝。如"降龙十八掌""少林一指禅""武当太极"等。"独门秘诀"在很多人脑海里的第一反应就是："哇，不得了。肯定是很强的武功秘籍。"然而，在商场，核心竞争力是企业的"独门秘诀"，但是，为了签单而采用非常规的手段，最终签下合同，显然也是"独门秘诀"。DF 玻璃制造有限公司之所以能够生存到现在，靠的都是销售人员的前线打拼，项目费用极低。一家不知名的企业，项目费用又如此得低，再加上福利薪资不高，为何能够得以生存 10 年之久呢？每次问到老销售员黎老，他都是同一句话：我们有很多赢得客户的"独门秘诀"。究竟 DF 玻璃制造有限公司的销售"独门秘诀"是什么呢？我们一起来分享黎老的故事。

二、案例背景

DF 玻璃制造有限公司成立于 1998 年，是一家综合性的玻璃制造公司，集生产玻璃板材和加工玻璃制品于一体的制造型企业，生产各种规格和颜色的玻璃板。最近又研制出仿大理石、仿山水画和云彩板及三色夹芯板，特别是通过国家验证的阻燃型有机玻璃板，市场前景非常好。DF 玻璃制造有限公司拥有多种设备。本着大小客户一视同仁的企业精神，和不断开发新产品的企业技术，力争做到好上加好，使企业年年有进步、产品年年有发展，力求业务的创新和提高，与各位客户在互惠互利的基础上同谋发展。虽然，最近 DF 玻璃制造有限公司最新发展的阻燃型有机玻璃板市场前景被看好，但是 DF 玻璃制造有限公司发展如此之久却一直没有在行业里形成名气，值得人深思。阻碍公司发展的因素有很多，但是黎老觉得最重要的是销售方式有问题，长此以往，公司肯定发展不下去。

三、组织架构

DF 玻璃制造有限公司老销售人员：黎老

四、案例描述

➤ 黎老的无奈

黎老进 DF 玻璃制造有限公司只有四年的时间，但却是资历比较老的一名销售人员了，原因是 DF 玻璃制造有限公司的人员流动非常大。人员流动之所以大，原因有以下三点：

第一，销售人员在做项目型销售时，给予销售人员的项目经费实在太低，在同行业里是倒数的。导致销售人员有时要贴钱请客户吃饭，一个月的工资往往没剩几个钱。

第二，销售人员的工资福利低，销售工作往往看重提成。但是在 DF 玻璃制造有限公司，销售人员的销售提成也特别低，而且一年不如一年。从以前的 7‰降到了如今的 3‰。也就是说，销售人员辛辛苦苦为公司创造了一亿元的营业收入，才得到十万元的提成。但是现在竞争如此激烈，创造一亿元的营业收入，谈何容易。

第三，销售人员为了生存，为了创造业绩，会不时地做出一些损坏公司形象的事情。比如一些非常规的"独门秘诀"。

提起"独门秘诀"，黎老倒是有个精彩的故事。

黎老说，那是他刚进公司时，老销售员带他做过的自己觉得最内疚的一次销售行为。

➤ 老常的"独门秘诀"

老销售员老常："黎老哥，你刚进公司，还真不知道我们公司销售的困难啊。"

黎老："哪儿不是一样的困难呢？打工呗，都是辛苦的。"

老常："在咱们这里还真的不太一样啊，你看，现在的这个项目马上就要进行方案设计了，你觉得该怎么办？"

黎老："那就给他们做方案设计！"

老常："呵呵，黎老哥。看来你的经验不够啊，你觉得只要做方案就够了吗？我敢打包票，不给他们送礼的话，这个项目肯定白搭了。"

黎老："有这么严重吗？"

老常："呵呵，可不是吗？那群'老狐狸'一看就知道不是什么'好东西'。"

黎老："那咋办，我们这次的费用都已经到底线了啊！再花钱，经理肯定不批了。而且花钱也不一定能够拿得下来啊。"

老常："这下知道困难了吧?！不是那么简单的。"

黎老："常哥，您得想个办法啊。"

老常："放心，黎老哥。有我在，这种事情难不倒我，这个项目一定是我们的。我有'独门秘诀'。"

➤ 一招证明

黎老看着老常信心十足的样子，心里也松了一口气。然而，让黎老想不到的是，老常在提供方案设计的时候，把当时的竞争对手 SK 集团的玻璃样板也带去了。并且在客户处亲自对比了一下玻璃的质量。让黎老更想不到的是，SK 的玻璃质量往日看起来非常好，但当时客户看到的却是 SK 玻璃质量如此之差。黎老想都想不明白。直到回来后，老常才说，他在上面动了手脚。当时黎老就吓了一跳，心想，这都做得出来。

➤ 一招必杀

老常为了证明自己公司的玻璃比 SK 集团的好，还特意带客户代表去现场看了 SK 集团做过的商务大楼玻璃。也不知怎么的，刚好那天 SK 集团的玻璃就在商务大楼出了问题。黎老以为这是天意，是上天帮了他们。但是后来老常说，是用酸来酸化过玻璃。也是他提前去做了一些手脚。对方客户看了以后，对我们公司的玻璃质量更加认可了。

➤ 一招定局

将客户的心征服以后，老常把客户请到厂里与高层见了面。证明了公司很重视这个客户，在厂里，顺便也带客户提前去工厂进行了一下考察。这样就相当于提前给客户吃了一颗定心丸，让客户对我们的技术放心。

➤ 黎老的无奈

就这样，这个项目从方案设计开始，客户就认同了我们，最后毫不费力就把项目给签了，但是其中的"独门秘诀"便不敢苟同了。用黎老的一句话来说："之所以还在这里，是因为无处可去。"公司的销售长期这样忽悠客户，总有一天会出事。但是现在又没有找到好的工作，目前打工是越来越难了。现在到了这个年龄也不像很多年轻人一样有激情再去东奔西跑了，因此黎老显得非常的无奈。

想做点事情，但是条件不允许；不想做，但是被竞争逼得继续使用"独门秘诀"。黎老的苦楚有谁能够体会。

五、案例分析

黎老之所以也在使用"独门秘诀"，是整个市场发展导致的反面现象。竞争太激烈，条件不好，造成了很多意想不到的销售手段的出现。

(一)"独门秘诀"出现的原因

"独门秘诀"从字面上来看，原本是一个很好的褒义词，想不到在 DF 玻璃制造有限公司里却变了味儿，可能这就是每家企业发展的"原罪"。

第一，DF 玻璃制造有限公司并不是很有名，因此销售人员不得不寻找公司的优势与客户交谈，使客户感到满意。

第二，DF玻璃制造有限公司给予销售人员的项目经费很低，导致销售人员在做项目的时候，不得不另外想办法与客户周旋，希望能够避免产生费用的客户活动发生。

第三，DF玻璃制造有限公司里销售提成以及福利很差，使销售人员没有信心，因此销售人员在损坏公司形象时，并不感到内疚。

由此可见，DF玻璃制造有限公司的"独门秘诀"不断出现是很正常的事情。只有进行企业变革创新，才能实现公司形象的扭转，使公司越走越远。

（二）方案设计阶段的重点分析

从该案例中，很明显，我们发现"老常"是在方案设计阶段采用"独门秘诀"的，那么在该阶段的重点是什么呢？我们该如何把本阶段做得更好呢？

IMSC分析：本阶段的主要工作内容就是设计出一份初步解决方案。其主要是为了以下原因。

1.显示公司的实力，建立初步优势

客户对我们提出初步解决方案的要求，从某种意义上说是为了考察我们是否具备完成该项目的能力。竭尽全力完成我们的解决方案，并且通过不断地沟通，完善我们的设计方案，使方案满足客户的要求。这可以帮助我们在客户面前显示我方在方案设计方面的优势，展现我们的工作风格和尽心尽力为客户服务的工作态度，是我们可以做的能够保障我们的销售流程的事情之一。

2.支持客户项目立项后的实施

在这个阶段，我们还要考虑哪些事情呢？应该注意到，在客户内部采购流程的第三个阶段，客户的主要任务有两个：一个是进行项目立项后的实施；另一个是组建采购小组。我们知道，项目立项的实质就是以一种非常明确的方式发布解决方案的指导思想。我们的方案如果不符合该指导思想的要求，项目销售流程也就终止于此了。

如何让我们更符合客户的要求呢？第一，改变自己，迎合客户的需求。第二，改变客户的观念，让客户更加偏好我们。如何改变客户？此时采取的策略应该是"无声胜有声"，让我们的解决方案说话。这时候客户对项目的要求还没有完全确定下来，我们应该结合我们公司的实力，通过帮助客户设想解决方案最为关键的性能，用我们所设想的内容来帮助客户经手人士更好地进行立项后的工作，使我们的观点固化为客户项目所必需的要求，以此获得"先入为主"的地位。这种办法可以帮助我们在无形之中消灭掉许多潜在的竞争对手。与此同时，

我们能够保证我们的方案至少符合客户的基本要求。因此，协助客户项目立项本身就是帮助我们推进项目型销售流程。通过了解客户的需求，从我们公司的实力出发，帮助客户设想解决方案最为关键的性能，可以使"经手人士"更好地在客户内部进行工作。

3. 获得客户的认同

随着项目型销售流程的不断推进，客户内部会有更多的人员参与到项目采购当中。为了我们的方案能够顺利进入下一阶段，必须争取客户内部更多相关人员的认同。通过与客户内部人员讨论我们的解决方案，听取他们对方案的意见并据此做出合适的改动，通过互动，获得客户内部人员对解决方案的认同，在这个过程当中，使客户内部更多的人员了解我们公司。

因此，在该案例中，老常使用"独门秘诀"也正是为了最终能够得到客户的认同。

六、案例延伸

透过初步的部门访谈，深入并扩展营销开发关系，使更多的人认同目前的方案，同时经手人士给予积极的评价，承诺进行业绩展示。

为了设计出高质量的解决方案，对解决方案的设计和修改必须满足以下三个方面的要求：

第一，解决方案必须要满足客户的业务需求。

第二，解决方案所涉及的技术和产品必须要先进、安全可靠、兼容性强。

第三，必须通过具备丰富经验和专业能力的人员提供优质的服务，体现公司的专业能力。

1. 确认客户需求

在进行初步方案设计之前，对前一阶段与客户洽谈的内容进行确认，确保我们了解客户的要求，没有出现理解偏差，包括性能、技术、产品以及项目时间进度。

2. 初步解决方案设计

初步解决方案的内容必须满足以下要求：

（1）初步解决方案所涉及的功能能够满足客户的需求。

（2）方案考虑了客户对技术和产品的要求。

（3）方案在细节上考虑了与客户原有业务、系统的兼容性，并在此基础上最大化客户企业的整体性能。

（4）可执行性：方案考虑了客户对项目的时间、资金预算上的要求。

3. 初步解决方案的修改

（1）与客户内部人员沟通，详细地记录他们对于初步方案的看法和态度，以及对初步方案改进有益的建议和观点。

（2）感谢客户内部人员对方案所提出的建议。

（3）专业、高效率地完善我们的初步方案，确保新的方案能够对客户的建议给出满意的解决办法。

4. 提交初步方案的原则

（1）提交初步方案的同时，与经手人士要建立初步的客户关系。在进行项目型销售时，我们时刻要牢记：发展客户关系。任何与项目的销售有关的客户方的人员，我们都需要注重与他们建立良好的关系。在本阶段，经手人士是对我们的销售流程影响最大的人物，也是我们最应当关注的人物。

（2）在没有了解客户的需求之前，决不提交方案。即必须提交客户化的解决方案。项目型销售最重要的原则就是"以客户为中心"。尽管我们强调在项目型销售中，客户关系是最重要的，但是如果我们提交的方案不能够满足客户最基本的要求，我们也不能获得销售订单。

（3）提交的初步方案必须得到经手人士的同意及认可。无论如何，在采购小组开始接管整个销售项目之前，经手人士将是对整个方案的走向具有最大影响力的人。无论我们认为我们提交的方案如何完美，如果不能够取得经手人士的认同，就难以形成对解决方案的性能的控制，也难以树立我们在该销售订单中的优势。

第二节　经典案例分享：一袋花生就把客户拿下

一、案例前言

在项目型销售推进流程的上一阶段，我们通过对客户进行上门拜访与初步调研，向客户展示了公司的基本信息，并向客户提供了有建设性的解决方案性能方面的设想，使客户对我们帮助他们解决问题的能力产生兴趣。但是，我们提供的建议还只是零碎的，客户希望我们能够尝试着向他们提交较为完整的解决方案的初步设想。项目型销售推进流程的第三个阶段是：提交初步方案。如果项目型销售流程推进顺利的话，在这个阶段的末端，客户将给予承诺，同意双方进行技术交流。

二、案例背景

我司是从事化工原料的生产、销售与法国代理的。本案例的故事发生在设计院里。原本只是一个任务的发布，但是没想到菲菲是如此强大。

三、组织架构

设计院专业所的技术副总：方总
设计师：卢工

四、案例描述

> 意外电话引发的信息

2008 年 9 月，我正在办公室里闲坐着，突然手机响了。

"峰哥，我是小雁，有个事情需要你紧急支援!"电话里传出一个焦急的声音。

"什么事情?"我说。

"湖北的一位客户，现在即将采购一批设备。客户说设计的是别人的产品。技术上和我们略有出入，设计院是 N 市化工部天六院设计的，除非设计院更改，推荐我们，否则我们不可能参与设备的招标。"小雁在电话里说。

"哦，那你们去做设计院的工作啊。"我说。

"设计院在 N 市有色院，不属于我的区域，你正好管理那边，而且，下周就要发标书了，我这里还要做工作。另外，设计院必须这周 5 天时间内搞定并写推荐函，否则就没机会了，我想这个事情必须你亲自去一下!"

"我试试看吧!"我说。

➢ 不顾及后果的任务

我想了想，随后拨通了正在江西开展业务的生意合伙人菲菲的电话。

"小雁有个客户现在工作在设计院那里卡住了。N市化工部天六院设计的。你去帮她找个该院项目的设计师，让设计师从今天开始，3天内帮我写个推荐函，说我们的技术满足其设计要求，向客户推荐我们参与设备招标。"

"N市天六院我知道，但从来没去过，因为我们现在不跑设计院，只跑业主了。"菲菲说。

"以前的事，我不管。小雁这事你现在去给我办。"我说。

"可是搞定设计院哪有那么短的时间的？3天内认识设计师并让他帮我们向业主写推荐函，这事难度太大，估计不可能。"菲菲在电话里有点为难道。

"我不管，你给我想办法，不管你怎么做，但你必须现在给我全力去做，而且必须3天内拿到这个推荐函。"我说完就挂了电话。

➢ 不当回事的事，但是菲菲做到了

第二天晚上，突然接到菲菲的电话，说："设计院搞定了，设计师给写推荐函了，影印件发你的邮箱，打印下来给客户就可以了。"

"哦，那么迅速，很好啊！是怎么做到的？"我说。

菲菲说："一开始我很紧张，因为我知道，两天时间内要做到拿下设计院并让设计师写推荐函是做不到的事情！因为设计师不信任我，而且设计师也没太大权力去写这个推荐函。于是，我就想，设计院谁才有权力能帮我做成此事。在我认真的推算下，感觉设计院的专业所的技术副总，或者所长这个级别的都有这个权力或者影响力。然后我就将此事的目标人物锁定在设计院的机电副所长、技术总工身上。目标找到了，怎么才能在最短的时间内达成此事？我决定还是先去见面，再随机应变。第二天，我就直奔N市天六院的机电副所长办公室（还是向他人问的，我也是第一次去）。"

➢ 菲菲是如何做到的

"方总您好，我是××公司的。"

"哦，你好，请坐。"方总客气道。

方总喊办公室的其他人给菲菲泡了杯茶。

菲菲递上以前在法国企业时的名片。

菲菲："方总您好，我是法国公司专门负责设计院产品宣传的区域经理。我们公司很重视你们设计院，所以专门派我来向你们进行推广宣传，我也想和你们院建立长期的战略关系。"

方总："我们也希望和一些技术领先、产品过硬的厂家进行接触、学习，共同提高设备的先进性。"

菲菲："我们公司的政策是……"

方总："这事你去找我们设计院下属的各个相关科室，和它们谈吧。"

菲菲："我晚点会去拜访下面的工程师的，我第一次到你们院，肯定第一个要向您报道啊！对了，方总您老家是什么地方的？"

方总："贵州的，我们院是从贵州搬来的，……"随即方总说了些院的历史。

菲菲："方总很久没回家了吧？"

方总说："十来年没回去了。"

菲菲："啊？现在交通也很发达啊，怎么那么久没回去了？"

方总眼眶里有泪水点点了，说："工作太忙，没时间啊，真的一点儿时间也没有。"

菲菲看到这个情况，知道打感情牌是有效的。

菲菲："方总，我们公司最近邀请技术人员进行交流活动，公司承担费用。"

菲菲："方总，您哪天想回家，跟我说下，提前 2 天说，我把飞机票给您送来，这样不影响您上班，而且又可以回家，这也是我们公司的一个政策。"

方总："再说吧。"

菲菲："那我就告辞了，我下午还去赣州帮公司收笔货款。"

告别了方总，菲菲就回去搜索赣州有什么特产，可是很遗憾没有搜到。晚上去饭店吃饭的时候，有个饭店卖盐水花生，新出土的新花生，味道很不错。菲菲灵机一动，就从老板那买了一点还没腌制的生花生。

第二天上午 9 点半，菲菲又来到了方总办公室。

方总正好在办公室里阅览书籍。

菲菲："方总，我货款收好了，今天赶回来了。哦，刚好看到当地有卖新出土的生花生的，呵呵，生着吃味道也不错啊！方总您尝尝。"

菲菲说完，就从业务包里拿出还带着泥土的生花生。

"那就一起吃吧。"方总说。

方总剥开了一颗花生，说："味道不错，我吃生花生还是小时候呢，我是农村出来的，那时候经常在花生上市的时候，和小伙伴们去地里挖生花生吃。"

菲菲："我也是。"

于是一包生花生，菲菲和方总断断续续吃了一个小时，也聊了一个小时。

菲菲："方总，我下午要赶到其他区域的设计院去了，您中午帮我安排下，请院里的相关人员吃顿工作餐，也认识下他们吧？"

方总："好，我安排下。"

于是中午，李副所长带队，带领所里的技术总工，下面具体科室的设计人员，一行8人在他们单位的招待所吃了午餐。

在去餐馆的路上，菲菲悄悄对方总说："方总，您是我哥哥，酒桌上帮我打打气。"

方总一笑："没问题。"

入座，方总把菲菲一一介绍给参与酒席的人。

酒过半巡，方总说："××的产品还是不错的，你们可以试用下。"

于是菲菲借机一个一个和他们碰了杯。

菲菲也认识了湖北那个项目的主设计师，趁那人上厕所的时候，菲菲和他谈了写推荐函的事。

设计师姓卢，说："这事要领导盖章，领导没问题就没问题。"

菲菲："领导这没问题，主要还是你这块儿。刘哥，你帮我个忙，就帮我写一个，我拿去找领导盖章。"

卢工说："好。"

于是，下午菲菲找了卢工，卢工要了表格写了个推荐函："××公司产品符合设计的技术要求。产品理论上更节能。"

方总签了他的名字。

盖章没盖设计所的正规章（不可能盖的），只由卢工盖了个项目组的业务章。

听完菲菲的这个事情的做法、想法，我不由感叹起来："世界上的事情都是这样啊！没做的时候总是感到很难，觉得几乎不可能，甚至想象下都让人害怕。但是真正下决心要做，真正去做的时候，说不定事情会很简单、轻松，并没有想象中的那么困难。"

最后，我对菲菲说，这事你做得非常棒，如果换成我，很难在两天内达到这个效果。

五、案例分析

在这个案例中，我接到小雁的电话，只是一味地想着把这个任务完成，然后找了菲菲，也是当成一个任务交代给菲菲，自己也没有分析过当中的难易问题，最后菲菲给我汇报整个过程时，自己也被吓了一跳。同时也给我上了一堂很好的课。换作是我未必能够在两天之内搞定此事。从这一点来看，在方案设计这个环节中，菲菲的公关处理真的是一级棒，一袋生花生就能与方总达成深度关系。从以上案例中，我们总结出以下三点：

一是困难并不可怕，知道困难不去行动，只会把自己吓倒。困难总是在销售中存在的，知道困难，克服困难，困难就不是困难了。所以我们永远要记住古人的一句话：天下事有难易乎？为之则易，不为则难！

二是短时间搞定一件事情，必须要靠技巧、靠策略、靠出奇制胜。这里菲菲用了"欲迎还拒"。故意对方总说要去赣州，给方总印象，你很忙，也算是个人物的感觉。

三是直奔主题。中国文化一般讲究含蓄。但是有些时候含蓄浪费时间。做了很多铺垫，再含蓄就错失良机了。所以该出手的时候就出手，时候到了，就把自己的真实想法说出来，并努力促成此事！一般销售员都不敢把自己的想法说出来，怕客户拒绝，其实这个想法要不得。关键时刻就是要告诉别人，我想干什么，大家一起努力把我的理想变成现实。

六、案例延伸

挑剔的客户才是真正的买家。当客户对我们提出的问题或要求越多时，我们成功的概率就越大。没有什么方案一开始就是完美的，如果客户看到我们的初步方案后，提出了一些自己的疑问或建议，并且表示需要召集客户企业更多的人员参与到方案的讨论中，也希望我们能够有更多的支持人员一同参与，来解决他们的疑问时，请不要沮丧，不必为自己的方案不够完善而感到担忧。客户希望将方案在更大的范围内进行讨论，恰恰表示他认为方案有可取之处，值得让更多的人花时间和精力来完善它。相反，如果客户对方案不发表任何见解，也未提出正式的技术交流，可能是因为他认为花更多的时间在这个方案上只会是浪费而已。因此，在本阶段，如果客户表示需要进行技术交流，那么销售流程又向前跨了一步。

在销售过程中应满足的条件：

1. 与经手人士、客户内部相关部门进行针对性的访谈

为了能够设计出针对客户需求的初步方案，必须与经手人士、客户内部其他相关部门进行有针对性的访谈，以获得有关项目要求的信息。尽可能多地与项目相关部门进行交流，这样有利于发现一些容易被忽略的问题。需求的准确定位能够帮助我们设计出较其他竞争对手更为出色、更符合客户要求的方案。

2. 与售前技术支持人员一起，利用交流与客户产生互动，了解需求

协助售前技术支持人员与客户内部各个部门进行沟通交流，确保双方能够明白对方的意图，能够在相同的平台交流。同时，解决突发事件，保证双方沟通的流畅性，提高需求调查的成功率。

3. 利用客户对售前技术支持人员的评估来调查客户内部对我们的看法

在访谈之后，向客户了解他们对于访谈的效果的评价，以及对参加访谈的我方售前技术人员的评价，判断访谈是否成功，以及这次访谈对于树立我方公司形象的影响。利用这些评价找出我方需要改善的地方，同时发现客户的关注点。

4. 确保所提供的简单客户化方案是结合访谈内容的

在将初步设计方案提交给客户之前，再一次检查设计方案的内容是否符合客户的要求，避免由于沟通理解上存在的问题导致提交的方案不能满足客户的要求，损害我方的企业形象，导致我方无法进入客户采购的下一流程。

5. 利用沟通至少要影响经手人士，提交的方案使其满意

最好先就我们的方案与客户方的经手人士进行交流，获得他对方案的认可。一方面，我们的客户方经手人士是客户采购流程的关键人员，他对方案的认可，可以帮助我们在客户企业中推广我们的方案。另一方面，客户方经手人士是目前客户企业中与我方关系最为密切的人员，也是客户企业中对我方最为信任的人员。经手人士对方案提出的建议，有可能是最中肯、最需要解决的问题。

6. 如果涉及价格问题，必须保证提供的是报价范围，或者经过调研后提供实际报价

一般在提交初步方案的时候不要涉及报价。如果客户一定要求给出报价，除非已经进行过详细的调研和计算，否则不要给出一个固定的价格，最好是一个价格范围。这样能够保证后期方案变动时价格也能够灵活变动。

7. 争取获得客户高层领导以及其他部门对方案的认可，承诺进行后续交流

在获得客户经手人士对方案的认同之后，在经手人士的协助下，向客户高层领导以及客户方其他部门推广我们的初步方案，力争获得他们的认可。如果客户提出后续技术交流的要求，则表示我方完成了这一阶段的主要任务，顺利进入下一流程。

|第六章|

"葵花宝典"之五：技术交流

> **引言**：技术交流的关键在于引导客户，让客户相信我们的技术/产品是能够满足他们目前的使用需求的。通过技术交流/参观考察等方式赢得客户内部大部分人对我方实力的认可是技术交流的核心内容。细节决定成败，技术交流环节就是考验各部门人员的配合能力以及项目经理的细致程度。

第一节 经典案例分享：专业技术，让你扳回一局

一、案例前言

细节决定成败，技术交流环节就是考验各部门人员的配合能力以及项目经理的细致程度。选择最佳时间和角度展示我方的产品，给客户留下最佳的印象。同时，也要搞好人际关系。如果这个时候有人拉你一把，相当于项目成功了一半。

二、案例背景

A 市 XY 电能有限公司是一家民营的供暖企业，现供暖面积 400 万平方米，规划 3~4 年供暖面积达到 3000 万平方米，是 A 市集中供暖先进单位。同时也是我司的潜力大客户。我们得知南京 HB、上海 LY、成都 HN、武汉 RP 也参与了户表投标。

三、组织架构

A 市老总：与南京 HB 营销副总关系甚好有达成协议

A 市供暖采购：经理 A，我方支持者

技术副总 B：对我方持反对意见（因为去年我方表有问题）

四、案例描述

➢ 教练变为好朋友

与客户第一次合作在上一年第三季度，通过一段时间的接触，与其采购经理 A 建立了深厚的友谊。热力公司一般在第三季度采购，所以前期工作也没太上心。到当年 4 月供暖结束他们就开始筹划采购户用热量表，也邀请了我们参与，由于当时没有户表，外购又怕用不好，所以没有参与。

➢ 竞争对手与老总关系甚好，对我方个利

当时有南京 HB、上海 LY、成都 HN、武汉 RP 参与了户表投标。其间南京 HB 从上到下做了大量的工作。甚至他们一个营销副总跟 A 市 XY 供暖有限公司老总达成了一个对他们很有利的协议，因为热表采购出钱的是建筑商，从热力经手，存在交易。

➢ 信心满满，能否攻破 B

5 月上旬，换热站改造方案出炉，此时我还比较有信心，我当时感觉至少 XB112 口径以上的会用电磁的，电磁的在这企业里没有竞争对手，HYJ50-HYJ155 把价格降到跟超声波差不多，就当做点业绩，只要这次做下来，以后基本就稳定了。也跟经理 A 交流过好多次，得知今年跟去年不一样，有一个人（技术副总 B）必须要通过，需做一定的工作，他当时对我们持反对意见（因为去年表出过问题），而且之前在 B 身上花的精力不多。

➤ 技术交流，商务公关

为了扩大影响力，特邀请了我方的技术经理定于 4 月 21 日做技术交流，结果 4 月 18 日他们老板要求热量表招标，A 为让我们的技术交流起到作用，把招标时间改到 4 月 23 日。做技术交流带了点公司的纪念品，交流后分别与这次参与评标的生产副总、采购副总、技术副总进行了交流沟通。不过，财务总监、分公司副总这次没见到。

➤ 报价策略

招标当天我和同事一起去现场。第一次参加投标，没有经验。一轮结束后，让二次报价，提前都沟通过了，彼此一个眼神就领会了，所以没降价，承诺保质保量。结束后，我认为做业务要把公司的介绍归纳成言简意赅的话语，并且熟记在心。

➤ 以为评选结果就等于合同签订

当时投标的有 5 家，上海 LY 报价 80 万元，南京 HB 报价 46 万元，成都 HN 报价 45 万元，我方报价 38 万元（7.5 折），Y 神（代理国外的 KB 电磁）报价 19 万元。第二天得到信息，我方评了四个第一、一个第二，我们距离成功只差签合同了。

➤ 深受打击，无法平复

通过渠道得知，客户公司内部出了点问题，事情拖了三四天，我又去跟踪督促，避免夜长梦多。4 月 29 日，A 告知我方没问题，他会尽快促成，没承想，4 月 30 日突然得到一个信息，客户订了南京 HB 的产品，评委的意见也不采纳了，这很突然，当时我整个人感觉发懵，有种想马上去找他们老板谈判的冲动，平静了一下马上去了解原因。

通过 A，我了解了整个过程并分析了原因，让 B 帮说我方的好。跟 A 沟通时，他说 HB 的合同直接签了，付款手续办完了，就差付款了，建议去找市政供暖办的关系，或许还有可能，他把付款申请先压着，但动作要快，关系找了一圈也没搭上线，只有靠自己了。

➤ 出谋划策，约见高层

晚上约见 A，我给他详细介绍了热量表的市场情况和超声波的缺点及价格，我们的超声波不比别家的差，没报价是因为国内换能器技术不太成熟，热表在市场运用没几年，是为您着想，真能为您节能省钱，也可以提供长期合作，我们在这行是绝对的专家，如果你们执意用超声波我也想给您报个价，其实为了长远打算，我当时只想把超声波做个砝码，得到了和他们老板面谈的机会，那时我感觉有信心能说服他。

➤ 让高层看清水有多深，最终选择了我方

第二天一早我就去了他们公司附近，本想紧急时就直接找老板谈，但 A 让我再等等，让老板找我谈效果会更好，正好我们的户表价格也出来了，所以我把超声波价格定在 5~6 折，总价才 15 万元左右报过去，他们看了吓了一跳，感觉用超声波的水分太大，又通过内部人的解说，并询问同行，发现的确有风险，换热站上的表是自己用，最终还是选择了电磁。

五、案例分析

通过以上的案例分析，可以看出原本没有希望的单子，最后得益于我们的优势，还有贵人的相助，使这个项目最终成功了。我们可以看看成功的关键点在哪里：

首先，我们的产品稳定可靠、性价比高、业绩广，同时获得了公司高层的支持。

其次，在整个过程中，我从来没有放弃，而且客户一方有真心帮我方的朋友。我在销售的同时，销售的不仅是我们的产品，也在销售我们的文化，我们的人，当客户认可了我们的人，认可了我们的文化，那他就会认可我们的产品。最重要的一点是，我们在与客户进行技术交流的同时除了展示我们强大的技术外，还要把与相关人士的关系做到最好。

最后，说说竞争对手 HB，他们什么都做得挺好，就差一个真心帮助他们的朋友。而且他们给到对方的价格可以说是不厚道的，这导致高层最后选择了我方。

六、案例延伸

从以上案例中，我们可以总结出以下几个问题。只有处理好这些问题，才能在这个环节中帮助我们更好地拿下单子。

（一）技术交流时，如何有针对性地向客户提供我司有优势的样品

技术交流前准备：

在技术交流前，将客户可能提出的技术问题列出清单，进行分类统计并分别列出客户提问频率多与少的问题，然后集体讨论编制适当的应对措施，了解客户参与技术交流的人员及职位等。

选择适当的时机及策略进行技术交流，在正确的时间做正确的事可能会有助于项目洽谈顺利完成：

（1）在客户提出问题之前提出解答：主动消除客户的顾虑，争取客户的信任。

（2）客户提出问题后应立即回答：通常情况下，客户的绝大多数异议需要立即回答。

（3）过一段时间再回答：对超出了到场人员能力的（如深入的技术、专业问题，提出的问题含糊其词、让人费解等情况，提出的问题不是可以三言两语就可以解决的）问题可以过一段时间再回答。

（4）对于容易造成争论的问题或明知故问的问题可以不回答。

达成共识，可以顺利向下一环节发展，在技术交流环节，我们可能需要与客户进行数次的沟通才能达到最终的目的，在该阶段对初步方案做了细节方面的补充，为下一步方案的确认奠定了基础。

（二）技术交流时，如何引导客户技术决策人

技术交流的四重境界：

1. 第一重境界：上兵伐谋：主导客户的决策标准，不战而屈人之兵

客户在采购之前，都会有一些自己对产品或技术的理解和认识，这些认识将直接影响客户的最终采购决策，甚至会成为客户的采购标准。如果通过技术交流能够使客户最终按照我方的技术参数制定采购标准，销售就已经成功了一大半。

2. 第二重境界：其次伐交：如果不能主导客户的决策标准，那就去影响客户的技术决策人，使采购标准能够排斥竞争对手，对我方有利

并不是每个项目都能做到通过技术交流主导客户的决策标准，一旦最高目标无法实现，我们可以退而求其次，进行必要的商务活动，有效地引导客户的技术决策人，帮助客户缩小选择范围，锁定有利于我们在投标中的竞争力。

3. 第三重境界：再次伐兵：如果不能影响客户的决策标准，那就去宣传我方产品的优势和特点，制造差异化

如果不能影响客户的决策标准，我们还有最后一招杀手锏：宣传我方产品的

优势和特点，制造差异化；这招在后续的商务推动阶段不可或缺。因为只有产生了产品差异化，到了商务阶段你的支持者才可以帮到你，即使你的产品在技术方面处于劣势也无关紧要，但你必须给你的支持者找到一个支持你的充分的理由。

4. 第四重境界：其下攻城：如果我们在技术交流时，连第三个目标都没能实现，那么这种技术交流基本可以认为是失败的

如果我们的技术支持人员和业务人员始终在进行走过场式的技术交流，那么投标时就只能面对残酷的价格竞争，我们透过技术交流只能为价格竞争做优势呈现。

（三）技术交流时，如何找到关键的样品确认人

关键的样品确认人未必是职位最高的人，往往是客户内部最有技术权威的人，这种类型的人一般来自四种地方：

（1）客户高薪聘请的技术专家。客户之所以会高薪聘请，往往是因为客户高层信任他的能力，他对样品确认往往有话语权。

（2）在客户内部技术方面资历最深的人。这类人在客户公司工作的年限久，经验丰富，往往影响力较大。

（3）在客户内部有特殊背景的人。这类人或许与客户高层有特殊的关系，或有一定的政府背景，他在客户内部有一定的影响力。

（4）较强势的技术负责人。这类人在技术方面比较自负，在客户内部比较强势。他对自己工作范围内的事往往不容外部插手。

第二节　经典案例分享：征服 L 公司的技术交流连环局

一、案例前言

想要产品得到认可，就必须具备强大的技术，以及让客户相信我们的技术/产品是能够满足他们目前的使用需求的，通过技术交流/参观考察等各种方式赢得客户对我司实力的认可。

二、案例背景

2015年，K公司承接了美洲某公司L的石英石粉碎制砂机切割实验，K公司本次投入了较大的人力和物力主要是为了验证K公司的产品性能并且让L公司这样的国际大公司认同产品的质量以获取后期持续合作的订单机会，检验K公司是否能够达到或者超越美洲同行的金刚石竞争对手的性能表现，给客户后期决定是否采购K公司的粉碎制砂机产品提供现实依据和数据支持。

三、组织架构

老板：老王（决策者）

秘书：小雨

生产经理：赵经理

操作工：张工

操作工：高工

四、案例描述

➢ 关系接触

K公司在L公司进行了为期2个月的关键接触，K公司员工陈某某展开了业务接触和关系维护工作，首先将负责设备操作的两位工人拉拢为支持者，这两位主要粉碎制砂机切割的负责人来自不同国家，一位来自美洲，另一位来自非洲，为此陈某某在日常接触中，特意研究了他们的喜好及忌讳，针对他们各自的特点建立了初步的友谊和信任，这让陈某某在日常跟踪的过程中可以很好地进行测试工作，确保粉碎制砂机产品的顺利使用，为在L公司的产品验证工作奠定了基础。

➢ 发展关键人，并获认可

测试过程中陈某某利用L公司老板秘书承上启下的作用，下意识地拉拢了L公司的秘书，在为期2个月的过程中获得了该秘书小雨的认可，并且可以通过小雨间接地获取老板身边的一些基本信息及老板是否出差等动态，这让业务工作的开展有了进一步的可能性。

➤ 顽固派的墙角不是太好挖

其生产经理赵经理，陈某某多次试图将其发展为我们的支持者，认可我司的产品，但是赵经理还是支持与L公司合作多年的美洲某金刚石工具厂商，对K公司还是较为排斥。因此，陈某某利用本次的测试，先争取两位一线操作工的支持，用好产品，并且实时汇报切割信息。这样一来，即使生产经理不认可K公司的产品，但在事实数据面前，赵经理也只好持中立的态度。

➤ 技术交流，展示我方实力，并获认可

在技术交流这个环节，陈某某不断地收集其他竞品通过粉碎制砂机切割的不良板材的照片，尤其是同种工况、同种石材出现的问题，在这个过程中，赵经理多次来找麻烦，并且很小的问题也会拿出来说，因此陈某某利用平时收集的信息，加之相机上也有显示拍摄时间，设备的机台型号等，可以认出是某品牌线锯锯切后的板材质量表现，在之前的了解过程中这类问题L公司也没有找美洲某品牌厂商的麻烦，并且它们也没有认为这是个问题，因此在K公司切割板材质量也出现同类问题时，陈某某拿出了这类证据，同时也提前找L公司老板做了交流，这样就解决了L公司赵经理刻意地找麻烦，在这个过程中，陈某某还是利用了两位一线操作工的支持，将K公司的产品性能表现发挥到了超越竞争对手的水平，获得了L工厂的一致认可，最后获得了后期测试订单。

五、案例分析

这个订单确定的过程中，陈某某利用在L公司的这段时间收集了解竞品的信息，较清楚地收集了竞品的价格和性能表现及存在的问题，同时陈某某在与L公司老总谈判前，提前做了谈判中可能出现的问题及客户会提出的刁难进行模拟，这让他在应对合同谈判中多了一份从容，最后客户在亮出愿意测试的底牌时，结果也在K公司的预料范围之内，最后获得了国外L公司的后期测试订单，所以在这个环节中技术交流尤为重要。

六、案例延伸

结合本案例可以看出，要赢得客户的信任，就要通过技术交流/参观考察等各种方式赢得客户对我司实力的认可。在与客户初次接触的时候，往往客户对我们都会有一种防备之心，我们该如何排解客户的防备之心呢？

（一）如何破冰？

（1）没有话题，找话题。

（2）找到话题，聊话题。

（3）聊完话题，没问题。

（二）找话题的六个主题

①谈新闻；②谈天气；③谈外表穿着；④谈内在气质；⑤见景生情；⑥投其所好。

（三）破功的话术

1. 谈新闻

"最近煤管局下发了瓦斯管路整改的文件，××矿积极响应，瓦斯系统更换工作做得很成功，新闻上都播了。"

2. 谈天气

"张总，最近太原总是下雨，秋天早晚也特别凉，您可要当心感冒呀！"

3. 谈外表穿着

"张工，我见到的总工一般都比较随意，像您衣着这么得体的是不多的，看来您是一个非常注重细节的人！"

4. 谈内在气质

"我早就听很多人说您是一位平易近人的领导，一见面果然如此。与您沟通感觉非常舒服，像您这样的领导不多啊！"

5. 见景生情

"张工，我看这张照片应该是××大学吧，我也是这所学校毕业的，莫非您也是这所学校毕业的？"

6. 投其所好

"张工，像您对乌龙茶研究得这么透的还是蛮少的，您对茶文化的见解非常独特！"

第三节　经典案例分享：技术推动市场才是王道

一、案例前言

在技术交流这个环节中，我们要避免这个过程中遇到的一些问题，才能拿下订单。例如：准备不充分，提供的资料不完备，不能获得客户的充分信任；对客户的需求了解不透彻，出现判断上的偏差，展示产品时，未考虑到铺贴等细节，使我司产品未展示出最佳效果等。

这些问题都有可能在技术交流中出现，所以我们想要拿到订单，就要避免这些问题。以下案例也同样遇到类似的问题，来看他们是如何应战、最终拿下订单的。

二、案例背景

2015 年 3 月，在行业经济下行的大环境下，某电子设备企业投入 6000 万元引进国外最先进的自动化设备。前期与其配套的设备都是欧洲产品，行业一流品牌，价格与付款方式条款都非常硬，服务方面跟不上。电子设备企业老板为了降低生产成本与解决服务方面的问题，在国内找耗材配套厂家替换欧美品牌。H 品牌为欧美品牌，F 品牌为国内品牌。

三、组织架构

某电子设备企业老板：汪总
老板妹妹：汪经理
翻译：小陈
厂长：林厂长

四、案例描述

➢ 信息收集

以国内设备配套厂家的身份，通过工厂厂长、应用工程师对设备企业的现状情况进行信息收集，了解目前 H 品牌的生产效率、成本、服务情况，以及生产过程中存在的问题与痛苦点。

➢ 第一次拜访，初步接触

整理好信息后，对设备企业的老板进行拜访，了解其目前的真实想法（在设备配套方面：成本、生产效率、服务方面），对国内设备配套商的合作方式要求及采购计划情况等，简单地介绍我司的产品情况。

➢ 意外机会，技术展示，建立良好的关系

第二次登门拜访（未知情况，一个很好的机会，由于工人操作不当，导致工厂设备出现故障），通过与老板的交流发现老板对这件事非常苦恼，短时间内找不到原因与解决方案。通过自身的专业技术水平，对造成故障的原因进行了分析，很快引起了老板的兴趣，通过到现场实地指导对问题进行解决，很快建立起了信赖感，同时与厂长建立起了很好的技术互动。

➢ 商务公关，竞争对手的强烈攻击，对我方造成威胁

通过这次的信赖感建立，有意向尝试使用我司设备，通过前后两次的接触与商务谈判，基本上确定了合作意向，但在付款条件上暂未达成一致。同时 F 品牌也在对设备企业的老板进行公关，在价格、付款方式等方面都优于我司很多的情况下，与老板签订了销售合同。

➢ 问题分析，对我方有利

F 品牌为新生产此类设备的企业，不管在产品品质和技术服务方面都没有什么优势与经验。再次拜访老板的过程中，引导老板以综合使用的方式算了笔账。虽然在购买成本上有所下降，但是产品品质的不稳定会造成很多隐性、不可控的无形成本（对设备、板材的损伤等），给老板建立了这样的概念。以同样的方式与厂长交流，让其也建立这样的概念，避免出现问题后受到老板的怪罪。

➢ 售前服务与专业技术的推动

在 F 品牌的使用过程中，出现了多次异常现象，可是 F 品牌的技术员都未能拿出很好的解决方案，经常需要对设备等进行调整，导致生产效率低下以及应用

工程师的工作量加大，使其产生了一些抱怨。厂长通过与我司交流，基本上都能找到问题的核心点把问题解决。同时由于 F 品牌的品质不稳定，对设备造成的损伤也慢慢展现出来，有时需要惊动到老板的妹妹、翻译（需要与设备厂家人员进行沟通，由于时差与节假日的关系，经常出现沟通滞后现象而耽误生产），导致实际生产成本也相对较高。同时，他们都感觉到专业的技术服务与稳定的产品品质才是关键。所以对 F 品牌产生了很大的异议，我想他们的合作很快将会终止。

➤ 合同签订

如我所料，很快就传来了和我司签订销售合同的消息，最终我们达成了销售合作。

五、案例分析

工业品产品的销售一定是以系统的解决方案为基础，拼价格、付款条件等是在产品、服务同质化的情况下的产物，差异化的营销才能拉开与对手的距离，从上述案例可以看出，只有牢固的技术才能推动市场，提升服务价值才能获得客户的认可。在案例中，虽然 F 品牌在价格和交付上都优于我司，但是在处理技术以及服务上，远远不如我司，所以最终客户选择了我们。

六、案例延伸

在技术交流这个环节中我们常常遇到以下几个问题，我们应该采取什么样的解决办法，才能让我们在技术交流这个环节中脱颖而出呢？

1. 技术交流时如何利用我方产品优势或服务条款来屏蔽对手

（1）让客户选用我方有优势，而对手有劣势的产品，在技术和生产工艺上屏蔽对手。

（2）让客户选用我司有库存的产品。让客户缩短交货期限，也屏蔽对手。

（3）让客户提升供应商的资质，以此屏蔽弱小对手。

（4）让客户有意提出苛刻的服务条款，如现场施工指导等，逼迫对手退出。

2. 技术交流时如何引导客户需求来体现出我方的优势

向对方展示我方实力就是将我方的优势资源转化为客户价值的过程。我方具备的优势正是客户所需要的。我方可展示的实力见图 6-1。

图 6-1

展示实力的核心要素：

公司的"增值"潜力在哪里？

公司有哪些资源可以支撑"增值"。

3. 技术交流时有哪些途径来向客户展现我司产品的优势

（1）在大中型客户处，组织内部技术交流会。参加的规模，小型的可以是技术工程师或经营部经理一对一与客户方的技术负责人交流；大型的一般是 10~30 人，应安排公司市场部经理或大客户经理进行交流，因为参加者一般都是客户各个部门的技术负责人，这种技术交流有时仅仅是针对某个即将采购的项目。

（2）在客户的技术商务会上澄清，要求各个投标方在规定的时间内（一般在 20 分钟至 1 个多小时不等）介绍自己的公司及产品特点，并回答开标小组提出的技术标及商务标问题，开标小组人不多，但都是领导，还往往不是相关技术专业出身的领导。

（3）厂商组织的各种形式的巡回展，一般都选择在酒店或会议中心召开，邀请的是一个地区来自不同企业的客户技术负责人，参加者一般在 50~300 人；很多企业都利用开展技术交流的方式与客户沟通，但很多技术交流却没有对销售起到促进作用，这是因为大多数企业的技术交流过于技术导向而非商务导向。技术交流的最终目的是为了达成销售，对技术的讲解只是达成销售的辅助手段，决不能为技术交流而技术交流。

第四节　经典案例分享：长达 9 年的客户，我是如何搞定的

一、案例前言

要想签单，就要耐得住寂寞，这句话一点都不为过。本节案例的主人公就是如此，经过 9 年的磨炼，最后和客户签单，在这个环节中，他是如何做到让客户签单的，要是换作是你，是否早已放弃了？

二、案例背景

某国的客户是我在 2004 年初次接触的，在偶尔联系中了解到此客户为某国当地一家规模较大的材料企业，我方人员多次联系都没有需求。在 2013 年初的时候，该客户向我司询问碎石机的价格，近期预计要引进一批碎石机。

三、组织架构

采购决策者：黄总
生产部：猛经理（此人和黄总有亲戚关系）
其他部门：有 4 名人员长期沟通

四、案例描述

➢ 收集信息，项目立项
此时，我司就碎石机产品进行项目立项，并展开对此客户的销售攻破。
➢ 深度接触，发展多位教练
刚开始的联系人是黄总，一直保持联系到现在，他是公司的销售经理，但我

们认为他是总经理。因为接触时间较长，我们与其关系较好，主要的采购决策都是由黄总来决定的。

同时他们采购的设备大部分都是欧美的产品，从中可以了解到他们的综合实力还是比较强的。

生产部的猛经理是销售经理黄总的亲戚，负责整个工厂生产的管理。猛经理是我在 2013 年初谈碎石机设备项目的时候认识的。他对产品的评价及后续的采购有重要的影响作用。

随后我进一步增加了与这两位关键人员的联系频率，以保证他们在采购碎石机产品的时候能够向我们这边倾斜。

除这两位关键人物外，其公司还有相应的进口部的一些负责人员，联系过的人有 3 人左右。我司同事对于相关接触人员都是第一时间给予回复，已建立了较好的第一印象。这样可以为我们后期销售减少阻力及提供更好的便利性。

➤ 解决问题，客户签单

由于某国当地进口产品需要客户提供许多政府文件才能够进口，有点类似于我们 10 年前的进口配额制度或者进口许可证制度。客户方需要我们提供他们所需要的各种相关资料及我们需要填写他们要求的表格等，经过一个多月的配合处理，客户那边终于将相关的进口许可文件完成，主要是由于许可证需要与出口商的信息一致，因此可以锁定客户对我们产品的采购意向。在许可证完成后的 2 个月内，客户确定并付款了 2 台 75kW 的碎石机设备。

➤ 出谋划策，博得认同

在与销售经理黄总的沟通过程中了解到他们已经采购了美国碎石机品牌的 3 台机器，其中 1 台已经安装完毕，另外 2 台在装配过程中。据他估计会在半年内运行 3 台设备。

因此，在这个绝好的进入点时期，我频繁地与黄总交流碎石机的信息，向他传达了我们的碎石机在美国本地设备上的使用情况，并引证了我们在美国的代理商的销售情况，客户对此很感兴趣，同时我从他口中得知，他们与美国公司的老板关系较好，经常有互相拜访，这给了我们一个好机会去利用这层关系来增加进入客户的筹码。我这边建议黄总可以在美国老板来他们工厂拜访的时候向他们了解我们产品的使用情况。

➤ 技术交流，样品测试

当然，在此之外我也做了许多沟通工作，如对客户碎石机的分析，在第一时间了解到客户对碎石机的需要并听到客户有意向采购碎石机的信息时，让我们的技术部门对其进行分析。另外对客户提出的关于产品的使用及表现情况都给予详细的解答。让客户对我们的产品有更多的了解，为后期他们使用我们的产品先做好了前期的铺垫工作。

这个特别重要，因为前期对客户进行 "洗脑" 或培训，会让他们后期使用我们产品的时候可以形成一种使用习惯，可以基本按照我们的思路去使用产品，能够将产品的性能正常地发挥出来。

➤ 客户见证，促进合作

时隔一个月后，黄总告知我，美国公司的老板来他们公司谈生意，我认为这是一个很好的利用客户帮我们做证明的机会。我再次向客户声明了美国公司是我司的代理，他们对我们的产品很满意。后经客户与美国公司沟通，详细了解并肯定了我司的产品。这对我司产品能够较早地销售进 E 公司起了很好的推动作用。

➤ 签订合同

接下来的一个月内，客户确认了一组碎石机的订单，这是他们第一台碎石机。我们成为第一个进入此客户的设备供应商，也成为客户使用碎石机产品的第一家供应商。先进入的优势对我们占据客户的心智起了很重要的作用。

五、案例分析

在这个案例中，之所以能够顺利签单，有三点：

首先，我与客户维持了长达 9 年的联系，让客户对我建立了信任感。由于长时间的了解，原来一直联系的就是决策人，这样我后期就绕开了很多不相关的人，给予我很大的信心。

其次，在后期技术交流过程中，得到我方代理商的见证，在我们的合作上起到很大的推进作用。

最后，我方向客户送样时，在样品验证环节，展示了我司产品的优势，选择最佳时间和角度展示我方的产品给客户留下了最佳印象。这在后期成单中起到了很大的帮助。

六、案例延伸

在技术交流这个环节中，我们如何做到让技术关键人对我司产品产生倾向性，下面总结出两点：

1. 技术交流时如何在技术交流中展示我方实力

（1）公司产品与同类产品间的差异性。本公司产品有哪些核心技术，与同类产品相比，在技术性能、产品质量等方面具有优势。

（2）公司产品能给客户带来什么价值。通过对本公司产品的使用，在产品质量提升、施工成本降低等方面能给客户带来利益。

（3）成功案例的演示。通过列举相关行业的成功案例，打消客户的疑惑，增强可信度。

（4）专家或权威机构的证明。现场列举行业专家的书面证明或者权威机构颁发的证书，证明了公司产品的技术性能和质量。

（5）同行的现场介绍。有同行业的相关人员现场介绍公司产品使用后的真实感受。第三方证明更有说服力。

2. 技术交流时，如何才能有效引导对方产生倾向性

表 6-1 技术交流工作计划表

目前项目阶段		项目负责人	
销售计划			
阶段目标	产品上图或以我方技术参数作为招标标准 型号指定：直接在采购文件中指定我方型号 品牌指定：直接在采购文件中指定我方品牌 参数倾向：以倾向于我方的技术参数进行招标 协助我们有选择性地邀请客户单位，屏蔽具有威胁性的竞争对手		
基本策略和服务手段	基本策略： 谁是关键决策者？ 谁是阶段决策者？ 谁能影响关键决策者？ 引导思路：（SPIN 与 FABE 思路） 技术与服务突破所针对的人是谁？ 他们各自的燃眉之急（关键需求）是什么？ 这些问题又会为他带来哪些方面的痛苦？ 我们为什么能够帮助他解决问题？ 我们将和他建立何种利益链接而让他解除痛苦获得快乐？		

续表

目前项目阶段		项目负责人	
	销售计划		
基本策略和 服务手段	我们如何屏蔽对手与他们建立的利益链接？ 他们各自最终能帮我们实现什么样的目标？ 技术服务手段： 提示：产品介绍、技术交流会、提供解决方案产品认知与品牌价值展示手段 提示：参观工厂、样机测试、权威影响、同行影响 对阶段决策者和决策影响者的辅助公关策略如何接近？ 如何建立好感和信任？ 如何与他们建立利益链接？ 计划实施步骤、时间节点、人员分工、费用预算		

| 第七章 |

"葵花宝典"之六：方案确认

引言： 向客户提供解决方案并引导客户认可，在客户的相关招标文件和评分规则里设定技术壁垒是这一阶段工作的核心要点。明确客户的技术要求是撰写解决方案的前提条件，发展与内部技术相关人员的关系是确保方案通过的润滑剂，关键靠技术和产品说话。

第一节 经典案例分享：连环招让"女强人"点头

一、案例前言

在项目型销售的过程中，方案确认阶段通常以技术的主要负责人为主，技术含量比较高。一旦方案确认下来，能够给双方增强信心，使企业合作走向成功更进一步。正如我们所说的，方案的确认是我们所提交的最重要文件，它展现了我方对客户采购项目的看法。在将正式初步设计方案提交给客户之前，务必再一次检查设计方案的内容是否符合客户招标通知书的要求，避免由于疏忽导致提交的方案不符合客户的采购标准，导致我方无法通过招标筛选。而关键点在于如何与对方的技术负责人沟通，这是通过这个阶段的最好方式。HW 集团的刘总是如何摆平 CN 公司的"女强人"的呢？

二、案例背景

"女强人"，是 CN 公司项目技术负责人唐总的称号。之所以这么称呼她，是由于十三年前，唐总的丈夫与她分开之后，她一心扑在工作上，因此，公司内外便称她为"女强人"；从销售的角度来分析，这类客户的特点是很难搞。要想让她点头，便更加困难。那么刘总是如何让"女强人"满意点头的呢？

三、组织机构

CN 公司项目技术负责人：唐总（称号："女强人"）

四、案例描述

➤ 小公司也能成就大事业

追求卓越是 HW 工控永恒不变的主题。HW 工控从成立初期只有 5 个人的小公司，发展成今天产值过亿元、拥有工业电脑自主知识产权，集技、工、贸于一体的集团公司，就是一个不断创新、不断超越自我的过程。没有最好的，只有更好的，HW 工控的技术始终立足世界，并积极创造持续不断的、具有超前意识的核心研发能力，使公司始终能够以尖端技术、卓越的产品立足于工业电脑行业前沿。面向用户、面向应用、面向产品，软硬件量体裁衣，满足行业应用个性化的要求，力图以最优质的产品、最完善的服务回报社会。

➤ 当 HW 遇上"女强人"

HW 工控不仅拥有强大的技术，更拥有一批销售精英为之一路拼杀。刘总就是最具有代表性的精英之一。刘总之前也是技术出身，在 HW 工作已经 11 年，所谓十年磨一剑，刘总在 HW 做过技术主管，又由技术主管转为销售办事处主任，才到今天营销中心的销售副总。刘总的特征非常明显，一看就很有官威。但是这种官威在"女强人"这里却遭到了阻截。

CN 公司项目技术负责人唐总，已经 60 多岁，退休后又被公司返聘，是这次项目的技术负责人。她很务实，她不需要太多华丽的语言，也不想将项目长期拖着。除了钱，还有技术质量的要求外，没有什么好谈的。尽管刘总亲自出马，费尽口舌，都无济于事。刘总在与唐总第一次见面时，唐总就表明了我们产品的质量以及企业的品牌都很不错，但是她这把年纪了，只想要点额外的收入。确切地说，她很认可 HW 工控集团，但是必须要点额外的收入。而且不断地给 HW 刘总下边的销售人员打电话，一天打好几遍。一直追问落实得怎么样，用时间紧张的条件来压制着刘总。

当 HW 刘总遇到这种强势的"女强人"，就是再精英，也要静下心来好好想想策略。目前的情况很简单，只要把一些额外的费用给"女强人"，这个项目就差不多到手了。可是问题是公司给的这个项目预算不是很多，离"女强人"要求的数字还有一些距离。而且这个项目金额并不是很高，想要达到唐总的要求，除非申请特殊项目费用。可是项目已经进展到这个阶段，要是放弃，实在很可惜。刘总顿时陷入了僵局。

➤ "小卡"策略

就在刘总郁闷的时刻，销售员小林提醒了刘总。

小林："刘总，马上要过节了。准备带家人去哪里旅游？"

刘总："还旅游？很多事情都没办完，没时间啊。"

小林："再没时间也要生活啊，对吗？我虽然没什么钱带女朋友去旅游，但是每次过节，带着她去超市刷刷卡，买给她喜欢的东西，她开心我也开心。"

刘总："刷卡买东西就那么开心吗？"

小林："刘总，这你就落伍了啊。这是一种时尚的消费方式，绝大多数女人都想过这样的生活。这是一种能够给女人心理上的满足。"

刘总："真的？那你觉得年龄大一点的女人对这个感兴趣吗？"

小林："是女人都感兴趣，主要看你怎么给她灌输这种理念了。刘总，难道您也要带太太去刷卡消费？呵呵，刘总也变浪漫了啊。"

刘总："别胡说，不过还真得感谢你这一次。"

刘总在小林的提醒下，有了新的灵感。他认真分析了当前的情况，虽然这个项目的总指挥是位文绉绉的老头，但是这个阶段唐总比较重要。而且唐总是退休后被返聘的，权力和能力都相当强。副总指挥是位年轻的小伙子，这位小伙子刘总见过，也曾经想从他身上下功夫，但是这位小伙子由于年轻，考虑政治前途，就不怎么参与项目。现在唯一的重点就是唐总。只要把唐总摆平了，这个项目也就差不多可以搞定了。

刘总再三思考之下，决定跑到市中心的×××超市去办了张500元购物卡，然后把"女强人"约了出来。用了个节日的借口，把卡硬塞给了"女强人"，凭着刘总的口才，"女强人"心里美滋滋的，连连点头说"好"。就这样，改变了"女强人"最初的印象，开始对我们产生好感。这多亏了刘总的小卡策略。

➤ 真情感动，博得好感

对于这样一个角色，刘总商量了一下，首先应该先稳住她，就送给她一张购物卡，里面有1000元钱。但是这个策略治标不治本。后来在"女强人"对刘总他们产生了好感以后，刘总便找机会谈公司的政策如何，公司的文化如何等。在刘总小卡策略的帮助下，便邀请她们项目组来公司的厂区考察。在考察后，刘总使用了最新的一招"情感营销"，回来之后不久，这个项目就定下来了。

➤ 使出连环招，成功签单

事情是这样的，在做完厂区的工程考察之后，刘总就带着"女强人"去了离工厂不远的一个景区游玩。刚好景区旁边的精致工控工程是HW集团搞的，这么优美的地方，再加上强有力的工程背景，刘总又夸大地介绍了一下，当场就把"女强人"给镇住了。刘总很聪明，当场又拍了合影。并把这张有纪念价值的合影挂到了公司的展览馆里，就这样，"女强人"项目组感动了。最终，项目签下。

五、案例分析

方案确认阶段，要了解和把握客户的真实需求。客户的需求相对于前期我们了解到的信息有所改动，在初步方案设计的基础上，根据需求分析的结果进行修改，使我们提交的方案更有针对性，更加符合客户内部采购小组制订的采购标准。因此该阶段，把握住客户内部的技术评估人员，是至关重要的一个环节。

1. 几点关键环节

（1）刘总在与"女强人"沟通时，应有技术人员（有丰富技术和管理经验）参与，该人必须全程参与并由高层准确说明其责、权、得，并就技术实现和周期等给予商务人员必须的说明和要求，这样可能效果要好些，但是由于刘总是从事技术出身的，此时就可以不带技术人员，要是刘总不是技术出身，在与技术人员沟通时还是建议要带。这里刘总处理的方式很好。他也是先谈技术，与客户先达成共识。如果客户在专业性不强的领域提供更多的技术说明和风险说明。最好的结果是该人员最终转变为该项目实施的项目经理或主要成员，这对于项目的启动和延续提供更多的便利和高效率。

（2）本案例中刘总始终坚持认为实现相关功能必须清楚明白一点：不能让项目僵持下去，必须说明和决定结果。认真分析业务需求与超前功能的实际关联，由于刘总的英明，提早实行小卡策略，并向"女强人"讲明其中的实际情况，双方在此基础上有更多的沟通，同时有统一的基本点：该公司的技术质量满足要求，达成这样的一个口径就是关键的一步了。

2. 了解整体情况，把握对方技术人员的真正需求

（1）了解同行业是否能做到？在大家目前都不能做到的情况下，要让客户了解选择你们的优势在哪里，以及我们解决问题的诚意。可以联合其他部门，对客户签署备忘录等达成一个非正式协议，我司优先为客户解决各种问题，价格从优。

（2）了解客户的真正需求，且合同中也并未包括那些难以实施的项目。他现在提出的目的是什么，自己公司的老板对这个项目的变化有何看法，大家能接受的底线是什么。

（3）用其他功能模块说服客户。

六、案例延伸

方案确认的流程分析。

1. 详细的客户需求分析

在进行正式方案确认之前，根据招标通知书的内容，确定客户的需求，确保我们了解客户的要求，没有出现理解偏差，包括性能、技术、产品以及项目时间进度。

2. 正式方案确认

正式解决方案的内容必须满足以下要求：

（1）正式解决方案所涉及的功能能够满足客户的需求。

（2）方案考虑了客户对技术和产品的要求。

（3）方案在细节上考虑了与客户原有业务、系统的兼容性，并在此基础上最大化客户企业的整体性能。

（4）可执行性：方案考虑了客户对项目的时间、资金预算上的要求。

（5）方案在客户来看具有最高的价值。

3. 成功的标准

透过跨部门的沟通与需求分析，制定有偏向性的方案，同时体现出的内容符合项目评估的标准。其中最重要的一点是明确招标初选已经入围。只有明确我方通过初步筛选，才能进入客户采购的下一流程。如果无法通过这一关，我们的销售项目也就到此为止了。一定要通过与客户内部关键人员深入发展关系，随时了解招标的进展，设法通过招标的初步筛选。该阶段，抓住对方的技术决策负责人是重点。在该案例中，刘总能够有效地把握住"女强人"，促使该项目成功，相信给读者的观念一定是不错的。但是用小卡策略的方法，我们并不提倡，也不反对，毕竟这也是个好方法，且不触及商业贿赂行为。

第二节　经典案例分享：小鬼也能放飞到手的鸭子

一、案例前言

向客户提供解决方案并引导客户认可，在客户的相关招标文件和评分规则里设定商务和技术壁垒是这阶段工作的核心要点。明确客户的技术要求是撰写解决方案的前提条件，发展内部技术相关人员的关系是确保方案通过的润滑剂，关键靠技术和产品说话。

二、案例背景

2005 年 4 月，某市政工程 —— 沿江隧道的设备安装与调试进入内部设备调试阶段，依据初步设计方案，此工程有三段距离相隔超过 8 千米以上的路段，（因为一般地铁之间距离相隔为 5 千米以内，技术比较成熟），如何控制系统与时间间隔的合理性及技术可行性，拟采用"设备安装的植筋方案"实施间隔控制。所谓"植筋方案"通俗地讲就是：以一种特殊设备系统来控制与调试相距 8 千米的距离、避免相互间隔的两段地铁不发生碰撞。由于此"植筋工程"的销售标的较大（超过 4500 万元人民币），而且市头号工程的广告影响力也是不言而喻的。

故除 A 公司外，B 公司和 C 公司也对隧道设备安装与调试的项目虎视眈眈，志在必得。

三、组织架构

业主：某市沿江隧道建设发展有限公司
总经理：姓名不祥（现场也无其他人员出现）——决策人
总包：市设备项目工程有限公司
项目总经理：潘总经理——决策人（行使部分业主权利）
总工程师：陈博士——技术选型人
现场负责人：宋工——使用人
设计：市政设备项目工程设计院
主任工程师：付工——技术选型人
监理：市设备工程质监站——技术选型人

四、案例描述

➤ 贵人相助，结识关键人

A 公司就是一家专业从事地铁设备安装与调试方面的公司，在国外有许多成功案例，特别是加拿大，针对相距 12 千米的技术难关都有成功案例。其实，在两年前沿江越江隧道立项和初步设计阶段，A 公司销售和技术部门就与该项目的设计单位——市政设备项目工程设计院的有关设计人员就实施地铁相距 8 千米的设备安装与调试方面的可行性进行了共同研究，参照在国外类似隧道工程设备安装的经验，A 公司提交了详细的设计说明书和解决方案，设计院的初步设计方案也采用了不少 A 公司的设想。由于前期与设计院的配合默契，给此项目的设计负责人并工程师留下很好的印象，在隧道工程进行的两年的时间里，提供给 A 公司许多有关越江隧道工程关于设备安装与调试项目的进展和重要信息，并介绍 A 公司的销售和技术人员与总包单位市设备项目工程有限公司的技术负责人陈博士认识。付工暗示：由于越江隧道的设备安装方面的技术难度和本身的影响力，总包的总工程师陈博士是一个非常关键的人物，他的意见对决策者有着举足轻重的作用。

> 重点攻破关键人

A 公司在经过明察暗访后也发现，越江隧道项目中的业主很少出现，总包市设备项目工程有限公司由于其在行业内的技术权威地位，实际上行使了部分业主的权利和职能，无疑是举足轻重的一方，而总包的总工程师陈博士更是非常关键的人物。至此 A 公司销售团队决定将总包单位和陈博士作为主攻方向。

> 一山不容二虎，谁才是赢家？

当然，对于这个市的一号市政工程，A 公司的竞争对手 B 公司和 C 公司也没有闲着，也都在上下活动，只是大家的主攻方向有所不同。B 公司走上层路线，据说与该项目的业主上层有很深的关系；C 公司的销售人员更是放出话来，此项目非他们莫属。

转眼两年过去了，现在是真正实施"设备安装的植筋方案"的时候，所谓客户采购八大步骤中的"系统设计与技术标准制定"阶段。A 公司知道这是很关键的阶段，总包的技术部门和使用部门将进行一系列的施工前的准备，包括估算工程量、施工方案确定、技术标准和制定预算等，并为随后的招投标作准备。如果在此阶段能影响客户以及公司的产品特点、技术标准和报价作为招标文件编制的基础，将有效地阻截竞争对手，对随后的工作将十分有利。

> 真的解决了客户的困惑吗？

其实在两年的时间里，A 公司的销售团队在拜访总包的陈博士时了解到：他们对"设备安装的植筋方案"有如下担心：一是植筋过程中的相隔 8 千米对技术的要求非常高，一旦出问题，所有关联的单位都有可能被司法处置；二是越江隧道的潮湿与弯道复杂的环境是否会影响到"设备安装的植筋方案"的电力传输性能。针对客户关心的问题，A 公司提出了详细的解决方案，着重介绍 A 公司产品的相隔 8 千米的植筋长度和全天候潮湿与弯道环境的特点和优势，其实这正是 A 公司相对于竞争对手 B 公司和 C 公司的优势所在。在随后的几次产品演示会上，更是不断强化客户所担忧的点，强调 A 公司产品给客户带来的利益。果然在系统设计阶段，总包的植筋方案采纳了 A 公司的建议，并以招投标书的形式将相隔 8 千米的植筋长度和全天候潮湿与弯道环境等技术要求确定下来。

> 测试结果 A 公司大获全胜

为保证公正性，所有参加招投标的厂家必须首先参加产品的测试以达到总包设定的技术指标。测试结果均在 A 公司的预料之内，其实也在竞争对手 B 公司和 C 公司的预料之中。测试结果 A 公司大获全胜。其实，各公司的产品特点和优势各有不同，关键是如何影响客户的决定给竞争对手的进入制造壁垒。

➢ 高兴过早，"死"都不知道怎么"死"的

A公司的销售团队上下非常振奋，打败了B公司和C公司两个拦路虎，接下来评估比较阶段（招标和投标）进行得就非常的顺利。就在A公司眼看要与总包签订购货设备安装与调试合同的前一天，一个非常意外的情况发生了。市设备工程质监站对"设备安装的植筋方案"提出了不同的看法，其还是担心植筋对相隔8千米的隧道与弯道的不良影响，并将他们的担忧对业主进行了汇报。虽然A公司的技术部门一再解释，但因为隧道项目属于市政重大工程，事关重大不允许出现任何问题。在经过业主与设计施工和监理多次讨论并请专家论证也无法形成统一的意见后，最终为确保万无一失，取消了原来的"设备安装的植筋方案"，改以其他方案代替。到手的鸭子就这么飞走了，A公司的销售团队非常沮丧，肯定在某一环节上出了问题，那么问题出在哪里呢？

五、案例分析

你认为，问题出在哪里？得到什么启发？

假设是你，你将会如何弥补这个问题？

在这个案例中，项目跟踪了两年时间，一直未得到确认。从这一点来看，内部还是很重视：一是植筋过程中的相隔8千米对技术的要求非常高，一旦出问题，所有关联的单位都有可能被司法处置；二是越江隧道的潮湿与弯道复杂的环境是否会影响"设备安装的植筋方案"的电力传输性能。这两个问题一直是他们的痛处，哪怕A公司给出了解决方案，但是最后还是不敢冒这个险。还有一点就是，持续两年没有落地的单子，却是一直默默无闻的工程质检站在最后冒出来了，只能说明：我们当初对客户内部的组织架构及影响决策内部人员的分析不够充分。所以，销售人员通过与项目采购决策小组内部成员的多次交流与沟通，或通过教练提供的信息，就可以绘制出项目采购决策小组内部组织分析图，为下一步的决策提供支持。

在项目采购决策小组内部组织分析图上，要标示出所有与项目决策有关的小组成员，以及每个人的角色、立场和性格（见图7-1）。

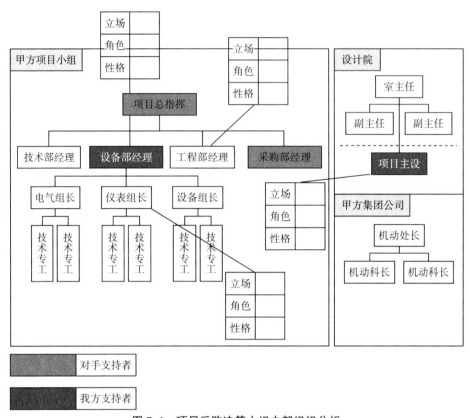

图7-1　项目采购决策小组内部组织分析

六、案例延伸

从以上案例中，我们可以延伸几个在方案确认中常遇到的问题，面对这些问题，我们该如何采取有效方法解决呢？

（一）如何让客户技术关键人有效推荐我司产品

获得客户技术关键人对公司产品的认同。这包括我司的生产能力、生产工艺以及质量控制等能满足项目的需求。让客户没有后顾之忧。

客户技术关键人对我司产品有明显的好感。让客户技术关键人对我司与竞品相比的优势加以认同。认同我司产品更符合项目的需要。

能满足技术关键人的个人需求。私下给技术关键人适当的承诺，并进行必要的公关活动。让技术关键人认同我司相关人员。通过相互间的交流和沟通，对我司相关人员留下良好的印象。

（二）从哪些方面推荐能体现我司的优势

结合客户的需求以及竞争对手的情况，有针对性地推荐能体现我司的优势。通常包括以下五点：

（1）我司的生产规模、年度销量以及行业影响力等。突出我司在行业中的地位以及经济实力。在规模和能力上压制对手。

（2）我司的交付能力。通过我司生产能力的展示，让客户了解我司产品的交付能力；让客户认同我司能按时交付，不会耽误工期。

（3）我司的质量管理水平。向客户充分展示我司对产品质量的管控以及生产管理水平；让客户认同我司能保质保量交付产品。

（4）我司的生产工艺水平。向客户讲解我司在生产工艺上的创新以及先进生产设备的引进。让客户认同我司产品能满足客户的特殊需求。

（5）公司领导的重视。通过我司高层领导的参与及关注，让客户知道我司对该项目的重视程度。让客户在心理上得以满足。

（三）如何向客户提供满意的实样或效果样板

向客户提供展示试样或效果样板时获得客户的满意，应注意以下四个环节：

（1）选择技术好的师傅铺贴样板，保证样板的清洁、整齐和规范。展示样板的最佳效果。

（2）选择合适的时间，请客户相关领导（决策人）参观样板。

（3）引导客户观看样板的角度。在不同的角度，观看实样或效果样板的感觉会有所不同。

（4）将竞争对手或低廉产品进行对比展示。和不如我司的产品进行对比，更容易体现我司产品的优势。

（四）如何通过公司的影响力影响客户的方案

充分利用公司的现有资源推动项目的进展，这是销售人员的必修课程。公司资源包括人脉资源、品牌知名度、企业影响力等。在利用公司的影响力去影响客户方案的过程中，主要把握住以下三点：

（1）将公司的影响力物化。也就是将影响力变成客户能切身感受到的东西。如向客户宣导众多类似的项目都在选用我司产品，并迎合了当地城市的建筑风格。

（2）成为行业内的专家。宣导我司十多年的经营历史以及合作过的重大项目；向客户传达我司是外墙砖方面的专家。我司新品的特性代表着当今社会的潮流。

（3）彰显我司生产技术和工艺等方面的领先地位。让客户认同我司走在外墙砖设计制造的最前沿。代表着外墙砖未来的发展方向。

（五）如何化解客户的异议

表 7-1

缘由	异议的主要内容	应对之策
相互了解不深	担心我方承诺的个人利益不兑现	可先支持少量佣金，项目成功后及时兑现
相互不够信任	担心私下的交易被泄露，影响到他目前的职位	主导泄露点个人隐私，或暗示他的领导或同事分享利益
对公司产品不够信任	担心产品质量或交货周期出现偏差，影响到他目前的地位	让老客户现场说法，打消顾虑
弄不清楚领导的意图	领导的态度含糊，担心得罪上级领导	当着客户的面故意装出与其领导非常熟悉，关系不一般

第三节　经典案例分享：扩大痛苦，影响决策

一、案例前言

随着工业品销售流程的不断推进，客户内部会有更多的人员参与到项目采购当中。为了我们的方案能够顺利进入下一阶段，必须争取客户内部更多相关人员的认同。通过与客户内部人员讨论我们的解决方案，听取他们对方案的意见并据此做出合适的改动，通过互动，获得客户内部人员对解决方案的认同，在这个过程当中，使客户内部更多的人员了解我们公司。

二、案例背景

公司数据库有一家做化工项目的老客户，快 3 年了，始终没有人跟踪，基本处于被搁浅状态。BY 公司的销售人员小立介入时，项目已经快进入招标阶段，

选型时，定的是竞争对手的产品，包括设计院主设、甲方技术决策人在内的项目小组所有成员都成为竞争对手的支持者，小立还有机会吗？

三、组织架构

甲方的最高决策人：万总

四、案例描述

> 信息收集，分析竞争对手

对于这个项目的情况，公司的老员工也给予了一定的支持，从同事们提供的资料中，小立仔细研究了竞争对手提供的方案，他发现对手的产品并不适合甲方的装置。一旦采购，以后会出现很多麻烦。

> 利用关键点，获取机会

作为一名身经百战的销售精英，小立知道对手产品的缺陷就是他可以利用的最后一根稻草。招标时，标书上指定的是对手的品牌。在这个关键时刻，一定要让项目暂停才会有赢的机会。而让项目暂停的唯一方法就是制造或利用突发事件，将平静的局面彻底搅乱，打破现有的平衡和秩序，建立新的平衡和秩序。

经过一番思索，小立起草了一份《××项目在开关柜选型方面存在的重大隐患》，以特快专递的方式寄给了甲方的最高决策人万总。在《××项目在开关柜选型方面存在的重大隐患》中，小立陈述了现有方案的重大漏洞和以后可能产生的隐患，以及身边发生过的一些真实的事故案例。

两天后，小立接到了万总打来的电话，万总表示自己已经看过了这份报告，非常重视小立的意见，愿意与 BY 做一次深度的技术交流，把问题搞清楚。

> 专业技术，扳回一局

小立请到了公司的总工栗总，栗总是行业内的权威人士，在交流当天，栗总深入地分析了项目工艺和控制流程，提出了对手产品的致命弱点，令在场的甲方技术决策人等相当震惊和折服。事后，万总叫停了马上要组织的招标活动，并立刻联系栗总，请栗总帮他们重新设计方案和选型。

> 扭转乾坤，顺利签单

几天后，栗总给他们寄交了一份产品选型建议书，经过甲方与设计院的反复磋商，大家一致认为新的方案更为合理，于是，彻底推翻了原来的方案，而改采用 BY 公司提供的新方案。

BY 公司的产品终于在后来的投标中击败竞争对手，成功中标。

五、案例分析

在这个案例中，小立抓住竞争对手的一个致命弱点，最后让甲方叫停招标，使甲方选择了 BY 公司。

在这个过程中，总结了几点小立为什么能够取得成功：

第一，得到公司内部老员工的帮助，获得有效信息，经过小立的努力分析，得出至关重要的一个信息，进而找到客户产品的弱点。

第二，小立起草了一份《××项目在开关柜选型方面存在的重大隐患》，描述了产品的重大漏洞以及在后期使用中会出现的隐患等信息寄给了甲方万总。

第三，在获得甲方万总的认同后，小立请公司内部的权威技术人士栗总帮忙，与甲方进行了一次技术交流，栗总用他专业的知识深入地分析了项目工艺和控制流程，同时提出了对手产品的致命弱点，令在场的甲方技术决策人等相当震惊和折服。

第四，及时拟定一份产品选型建议书给到甲方，经过前期的工作，甲方不得不接受我方的方案，最终击败竞争对手，与我方合作。

俗话说：射人先射马，擒贼先擒王。在销售过程中，获得高层的支持往往可以起到事半功倍的效果。一般来说，高层决策者不参与项目，技术决策者可以行使决策权。

六、案例延伸

从以上案例中，我们如何做到我方产品能够满足客户方的项目需求呢？应采取什么样的解决方法？

（一）如何让客户确认我司提供的样品为最佳方案

当我司产品与竞争对手的产品各有千秋时，可采取以下三种手段让客户确认我司提供的样品为最佳方案。

（1）先入为主。在样品展示时，力争率先出场；给客户的印象往往第一感觉是最深刻的。

（2）釜底抽薪。让项目高层领导看完我司产品展示后，当竞争对手开始展示其样品时，找个借口支开客户高层领导。给对手设置障碍。

（3）狐假虎威。当与客户高层领导进行沟通时，趁高层领导心情愉悦的时候，问其对我司产品的印象。高层领导说些客套的赞誉，就将其向其他项目决策人宣导。以高层领导的态度去影响其他决策人。

（二）如何与客户达成共识

表 7-2　如何与客户达成共识

达成共识的关键节点	达成公司的主要内容
在采购单位的选择上达成共识	将本公司作为本次采购的唯一或主要合作方，将大力支持本公司在多家竞争中入围
对采购产品的品种、性能、技术要求达成共识	认可本公司的产品的品质及技术性能，并依据本公司产品的技术参数为采购的技术标准
在供货周期、付款方式、产品价格上达成共识	对本次采购中的供货周期、订货数量、付款方式、产品的价格等基本达成共识
在个人利益上达成共识	客户决策人在个人利益上私下达成共识

（三）如何搞定客户决策人，让其承诺首选我司产品

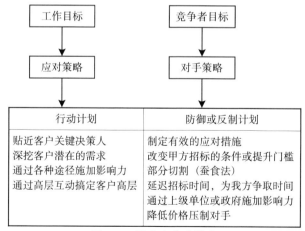

图 7-2　搞定客户决策人

119

| 第八章 |

"葵花宝典"之七：高层公关

> **引言**：通过商务活动取得客户决策层的绝对性倾向是这一阶段工作的核心要点。依据级别对等的惯例，本阶段需要内部团队的高效配合，尤其是公司的高层人士，在与客户高层的互动中解除影响我方签单的最高制约。

第一节　经典案例分享：借力打力，签约大单

一、案例前言

在高层公关中可以评判客户决策层的绝对性倾向对于我们的后期发展非常有利，在本阶段中需要内部团队的高效配合，尤其是公司的高层人士，在与客户高层的互动中解除影响到我方签单的最高制约。

二、案例背景

JB 公司研发了一款适合石化企业使用的感应器，具有感应信息可以无线互联共享的功能，并获得了发明专利，准备找一个大型的石化企业进行使用和推广，树立样板工程。经过销售总监猛总的分析，决定向 QB 石化公司进行产品销售，并且决定亲自操刀进行样板项目的销售工作。

三、组织架构

采购部部长：A 部长，主管部门商务工作，容易接触

采购部副部长：B 部长，负责技术把关和确认工作，不易接触

采购员：C 工，负责采购工作

设备处长：E 处长，负责设备维护保养工作

D 主任，设备使用单位，喜欢新产品新技术

四、案例描述

➤ 初步接触，摸清底细

猛总带着设备陆续拜访了 E 处长、C 工、D 主任 3 个人，他们均表示目前没有对新产品的需要，现有的产品已经能很好地满足使用要求。C 工表示他们主要负责采购工作，采购需要使用方来提出。E 处长的想法是设备越多，他们维修保养的工作量就越大，很是排斥。D 主任表示新设备技术上有创新，但从来没有使用过，不能提报采购需求。

➤ 多次沟通，产生倾向

猛总根据每个人的角色进行了分析，决定从 D 主任入手进行深入接触，决定再次拜访，并表示可以进行产品免费试用，D 主任被猛总的真诚打动，决定试用设备 2 个月，试用期间双方多次交流，对产品的性能和作用逐步进行沟通，试用期过后，猛总掌握了采购的流程，也得到了 D 主任对产品的认可，D 主任决定向公司提出采购需求。

➤ 初步谈判，顺利通过

C 工得到 D 主任上报的采购计划后，向公司提交了采购申请，公司决定可以进行小批量采购使用，如果效果好，则可以二次采购。猛总再次拜访 C 工，双方沟通良好，C 工表示将进行议标。议标时 C 工不能对新产品的首次采购进行价格判定，建议邀请部门部长来进行议标，由部长来定最终价格。B 部长主管技术，但根据以往的议标经验，B 部长对产品的价格会进行多方面的论证，价格会压得很低，甚至否决采购，C 工建议猛总亲自邀请 A 部长参与议标，A 部长再三推辞，最终还是进行议标定价，价格双方各有让步，使谈判顺利完成，准备签订合同。

➤ 权利博弈，二次议标

谈判结束后，猛总就去了外地出差，猛总刚到外地的第二天就接到 C 采购员的来电，说要二次议标，原因是主管技术的 B 部长没有参与议标，不同意在新设备采购合同上审批签字，除非他亲自参与二次议标。事发突然，猛总不能马上赶回参加现场议标，马上找朋友给 B 部长打电话，请议标现场给予照顾，又亲自给 B 部长打电话，表示日后会当面拜访，B 部长没有做出回应。

B 部长把这个采购议标的情况告诉了 E 处长，二次议标 B 部长邀请 E 处长同时参与，E 处长表示设备维修保养工作难度大，使用不方便，不能采购设备，B 部长也赞同 E 处长的意见，表示技术不成熟，没有使用数据，不能采购新设备。只有 D 主任进行了产品试用情况的描述，并对产品的作用和优点进行了表述，二次议标 A 部长没有参加，经过多方博弈，最终采购数量和单价都进行了缩减，勉强议标通过。

➤ 寻根究源，掌握内情

由于 A 部长的越权参与定价采购，B 部长没有参加第一次议标，非常不爽，又不好直接否定 A 部长的决定，所以利用 E 处长进行采购新产品的否决，他从中煽风点火，证明他 B 部长的能力和重要性，其实质不是针对 JB 公司产品的销售，而是两个部长之间工作权利的博弈。

➤ 深度公关，再签大单

经过这次采购情况的总结，猛总专程去拜访了 B 部长，进行了深度公关，和 B 部长成为了好朋友。B 部长也对上次二次议标的事情感到难为情，同时也问到了 D 主任设备的使用情况，应用非常好，可以大量推广使用，B 部长这次站在提高新产品、新技术优越性的角度，在全厂进行了大范围的技术交流和产品展示，推荐批量采购，猛总这次借助 B 部长的力量，签订了历史性大订单。

五、案例分析

在与高层互动的同时，每一个关键人物的能量都是要掌握的，做到事前礼节性拜访，掌握主动权，有时候想试图绕过关键性人物，往往得不偿失，没有捷径可走。"塞翁失马，焉知非福"，不要气馁和抱怨，理清思绪，总结经验，纠正自我才能再创辉煌。以上案例告诉我们，通过高层公关可以判别出客户的倾向性，这样有助于我们签订大单。

六、案例延伸

从以上案例中可以延伸在高层公关中我们还应该具备以下七种策略，只有掌握摸通门路才能助我们更快地签单。

1. 借用资源，借力打力

（1）如果有内部的人帮我，那么与高层见面的概率就会非常大。

（2）通过内部的介绍，不仅会让对方对你放松警惕，而且对方也要照顾同事的面子。

（3）如果没有内部人员的介绍，也要制造一个这样的人。

（4）如果个人权限已经无法推动项目进程，可以借助公司技术人员或者上层经理的力量，强化自身优势和卖点，发展与对方的关系。

2. 细节决定成败

（1）请客吃饭已经不能再打动人，而微不足道的细节往往能起到四两拨千斤的作用。

（2）从细微处让对方感动，使其对个人以及产品建立好感。

（3）针对上层决策者的最好办法是注重细节，以细节打动对方。

3. 分析决策风格，制定不同对策

对于不同类型的对方角色，我们要分析其沟通特点，对症下药满足决策者的需求，更加有利于进一步与高层沟通。

4. 逃离痛苦，追求快乐

（1）工业品行业销售周期长，客户考虑的因素比较多，除非你发掘对方的需求，即让对方产生逃离痛苦、追求快乐的倾向。

（2）逃离痛苦和追求快乐是人们行动的动力，但逃离痛苦的要求比追求快乐更能促使人们行动。

5. 高层互动

（1）公司高层要"弯下身来"，做公司的"首席客户经理"亲自拜访客户具有一定重要的作用和意义。

（2）客户向公司高层提出建议和想法，就是客户真实的需求。

（3）通过高层拜访，了解真实情况后，运用一些服务策略，提高我们的服务品质，这样客户的满意度和未来合作的概率就会提高，合作空间就会扩大。

6. 参观考察

（1）在客户的内部酝酿阶段，邀请决策层参观考察是非常有效的销售方式。

（2）参观考察是花费时间和费用很高的销售方法，但与其他销售方法相比，请客户出来参观考察更容易说服客户。

（3）参观考察过程中，既可以有效地介绍公司的产品、展示公司的专业形象，又能了解客户多方面的需求，尤其是高层的个人需求。这样在销售过程中就可以有针对地进行满足，从而成功拿到订单。

7. 商务活动

商务活动一般能够增进双方的沟通，进而搞定高层。

（1）一般可以借助政府或者行业协会等机构获得帮助。

（2）邀请客户的高层人士一起举行商务活动，利用高层之间的影响力，促进销售进展。

第二节 经典案例分享：女强人，我该拿你怎么办

一、案例前言

人人都想吃透大项目，但是大项目并不好搞定。在与高层的互动中，我们应该做到少说多问，注意聆听，以客户为中心引导客户说出我们想要的话，一定要

凭智慧做事，从而获得甲方高层的认可与尊重，这是在这个环节中尤为重要的。

二、案例背景

DML 小镇项目，分纯木结构独栋别墅、双拼别墅、联排别墅，浓郁的北美风情。项目规划占地面积 4700 亩，森林 1400 亩，天然氧吧就在身边。采用国际知名品牌作为基本配套，在南京打造纯北美度假示范区，提供高端品质服务。本案建筑面积 40000 平方米，占地面积 60000 平方米。

本案开发商为南京××投资发展有限公司，承建商为南京 ABC 建筑股份有限公司，但两家公司的董事长均为费总，一个精力旺盛且文化底蕴颇厚的女强人。

三、组织架构

两家公司董事长：费总，决策人

采购主管：杜经理，费总欣赏的人

四、案例描述

➢ 信息确认，发展关键人

通过了解，费总对任何事都有一言而决的权威，而且对工作比较细致，喜欢直接询问具体做事的人员了解一手资料做判断，所以并没有着力去接触两家公司的总经理，而是刻意地与负责采购的主管杜经理搞好关系，杜经理是费总比较欣赏和经常询问情况的人。

➢ 初步接触，如何让决策人对我方产品产生倾向

经过前期的准备工作，对于器材配套品牌选择甲方设计部与采购部方面对我方品牌是很认可的。但甲方始终处于一种摇摆的状态，我了解到费总在选用北美品牌还是选用 YBY 这样的欧洲品牌时拿不定主意，我也一直在思索用什么办法能够让费总更加倾向于我方品牌。

➢ 偶然获取机会，诡计得逞

一天，我拿了一些关于 YBY 关注环保的文章（因为该项目打的是环保牌）

去甲方，恰好赶上他们开会。他们决定开一个新闻发布会，邀请电视台、电台、报社的记者，主题是宣传木结构住宅的优势，我在会议室门外听了，觉得这是个机会，于是等散会后就去找杜经理聊天，其间故意聊到他们的新闻发布会。我提出我的建议，认为这个主题有些单薄，不如搞成一个与各个国际知名的供货商形成战略联盟的新闻发布会，同时宣传木结构房屋的优势会更丰满。只是形式上做一下战略联盟，不用签实质性的合同，日后正式签合同时的政策、价格再细谈，也不仓促，效果还更好。她也觉得可行，但又拿不准主意，我便建议她带我去见费总，成了也有她推荐的功劳。于是，我顺利地与费总进行了会谈，她对此也非常认可，我同时表示我司愿意全力配合，她一下子就同意了，发布会定名为：中国首座定制式北美木结构尊邸暨多美丽 TRM 品牌战略联盟签约仪式，仪式于南京迎宾馆举行，很隆重，举办得也很成功，各方媒体纷纷到场，YBY 品牌在媒体亮相后也成了不可替代的家电选择。

➤ 虽然痛苦，但须坚持原则

经过发布会的宣传，外界均知道了此项目的家电品牌敲定了 YBY，而此项目又拖得比较长，所以南京 SN 也找上了甲方，答应能以更加便宜的价格供货，无奈，我只能找相应的经销商商定，视情况而定去压缩经销商的利润空间，因为此项目地点偏僻，所以届时物流与售后安装的现场成本会比较大，价格实在承受不了，经销商退出，让 SN 由零售渠道供货，不要因为我的个人业绩而使 YBY 家电价格进行内耗式血拼，那不是我们项目业务员所应该做的，在大局上保证品牌在区域市场的稳定与持续发展才是每一个员工应该做的事情，我承诺日后将会在其他项目上帮助他们，以挽回在此项目上的一些投入。

➤ 项目没有得到尘埃落定

目前该项目仍在建设中，不到签约的那一刻，项目前期工作永不终止，但令人欣慰的是此项目只要采购，肯定会配套 YBY 品牌家电。

五、案例分析

从以上案例的情况看来，这个案例是失败的，因为没有得到甲方的签约。而且从案例中也总结出了一些经验：销售并不是一味地推荐产品，必要的分析与时机的把握往往是制胜的关键，而项目销售不仅要知己知彼，更重要的是利用所掌握的情况分析出你的战略与主攻方向，并因之而把握机会，并在相应时刻果断出击。也就是说：一定要凭智慧做事，凭勤劳做事是基础，打动的更多是中层与低层的甲方人员，要取得甲方高层的认可与尊重，必须用头脑。

六、案例延伸

在这个环节中，我觉得最重要的是平衡客户内部的关系，获得大多数的支持。尤其是客户高层的支持，让关键决策人私下承诺：选用我司的产品。

在这个过程中有如下几个常见的问题：

(一) 如何引导客户屏蔽竞争对手

1. 从企业规模和资质上屏蔽竞争对手

让客户对供应商的企业规模和资质等方面提出要求，以达到屏蔽小企业的目的。

2. 在供货期限上屏蔽对手

引导客户选用我司已有库存的产品，缩短供货期限，以达到屏蔽对手的目的。

3. 在产品的生产技术或品质要求上屏蔽对手

引导客户选用我司特色产品，在制作工艺、产品品质方面提出特色要求来屏蔽对手。

4. 利用服务条款来屏蔽对手

让客户提出特殊的服务条款使竞争对手无法做到，逼迫竞品退出。

(二) 如何与客户关键决策人搭上关系

1. 有的放矢

通过教练了解关键策略人的个人爱好以及经常去的活动场所，针对决策人的个人爱好进行针对性的邀请。

2. 制造偶遇

装成巧合，在关键决策人经常出入的场所相遇，与关键决策人搭上关系。

3. 伙伴引荐

通过教练选择恰当的机会进行引荐，为我方创造与关键决策人面谈的机会。

4. 隔山打牛

找到关键决策人周围的人，如家人、亲属、朋友等，通过决策人外围的人影响决策人。

5. 招蜂引蝶

通过教练向客户关键决策人传递一些有利于我方的正面消息，如某些标杆性的企业有选用我方产品，相关联的项目选用我司产品等，来激发决策人的兴趣。

6. 狐假虎威

我方的销售人员在关键决策人出现的公共场合与关键决策人一同出现，并伪装出与关键决策人关系很熟的姿态，以此影响到其他人。

第三节 经典案例分享：谁不想要单子？但无能为力

一、案例前言

对项目进行拍板定夺，仍是高层说了算的，所以项目的成功很大程度上要依靠他们的支持。有了他们的支持，项目等于成功了一半。

二、案例背景

2015 年，受国际影响，HY 工程对国内太阳能行业起到了救命稻草的作用。由于行业性质（国内没有大规模应用，现有的技术难题没有完全解决）和项目性质（短平快的发电站），对资金的要求较高，而且普遍缺乏资金。国内大小 EPV 总包商如雨后春笋般出现。此外，由于信息不对称，部分总包商供应链资源短缺。太阳能电站项目使用方案没有完全成熟，各自型号的逆变器，欧式箱变和美式箱变双分天下。JKT 集团欧式箱变优势明显，美式箱变没有优势。

三、组织架构

业主方：F

EPV 总包商单位总经理：H

GGD 单位常务副总：K

采购部：W

技术部：P

工程部：V

四、案例描述

> 信息收集，明确客户需求

2013~2014 年，JKT 持续关注太阳能行业，并且在行业上下游取得了一定的成绩，本代表处也同时关注市场，取得一些订单，并且逐步积累了一定的人脉。

2013 年初，该项目已经拿到路条，鉴于行业中太阳能发电的收益率有待考察，该项目方案及动工日期未定。为了取得国家政策补贴，需要在年内完成发电。太阳能电站使用的箱变在 JKT 系列产品范围内，但方案不同，优劣势也不同。

> 确定信息的完整性和真实性

首先通过网上查询及在西北地区的项目实施地，通过业内人士获悉本案已正式圈地，并被列为弘毅示范工程。

通过业主方（该投资业主为国内著名企业）确认该项目为 50 兆瓦，并且准确获知 EPV 方，将在业主贷款下放时，启动项目，既定时间为 2015 年 5 月。

> 项目立项

由项目信息确认立项，由于该项目有一定难度，订货金额大于 500 万元，因此由销售员 W 经理负责，原因是销售员 W 经理与业主、GGD 单位均有一定关系。所以必须找到本项目的技术负责人和整个项目的负责人，从而左右该项目的箱变方案向欧变倾斜（JKT 集团在欧变方案中具有一定优势）。

W 经理打了几个电话，并且约见了 GGD 工程部的熟人 V，确定了我方的产品在 GGD 的评价很高，可以继续找相关部门的人员，正常拜访，初步印证了行动方案的可行性。由于该人员属于工程部，最近一年多公司高层有所变动，原来的常务副总已离职，新上任的常务副总为 K。虽然无法提供实质性的帮助，但得知了一条信息：公司领导 K 最近去过某集团。

> 深度接触，发展可靠的关键人

通过对内部组织架构的分析，已明确具体招投标由常务副总 K 主抓，由采购部负责流程，技术部负责方案。

在搞清对方的采购流程后，由于 W 经理是技术出身，他首先找到了技术部 P

经理，P 经理对我司产品的质量和售后非常满意，因此沟通很融洽。根据做技术工作人员的特点：追求先进性、可靠性。具体话术："您是专家，懂得比我多，您有什么要求尽管跟我们说，我们会拿出最好的方案供您挑选！商务的事情我去搞定，这个才是我的强项！"得到肯定的答复后，同 P 经理就大概方案的思路做了交流。

接下来找到采购部 W 经理，W 经理做事情比较客观，他认为我们参与肯定没有问题，产品不错，不过考虑到成本问题，方案会侧重于美变或者使用油变的欧变。不过，JKT 没有油变。本项目的资金充足，但是能控制成本就更好了。

至此，W 经理已经明白，只要几种方案中，成本相差不大，应该可以把握最终的方案。借此机会，W 经理说道："干式变是我们的优势，甚至可以把成本计入箱变，所以油变和干变的价格相差会很小。你们也会拿到最好的产品。将来的维护费用也很低。GGD 也是我们的重要客户，我们会以最优的报价做你们的项目，即使将来卖掉电站使用我们的产品也是卖点。"经过沟通，我发现，只要把方案做好，W 经理所担心的高成本问题自然也不成问题了。

该单位的供应商库中原有 5 家以上设备供应商，但已明确：由 V 提供的信息中的"某集团"是最大的竞争对手。其厂家特点：有国资背景，在高压部分强势，但在中低压领域是大而不强，但任何一项方案都可以做很低的价格。也造成对方的产品不会像 JKT 集团的产品一样精细、可靠。由于某集团是通过常务副总进入 GGD 公司的，很难把他们排除在投标厂家之外。那么所要做的工作就是通过技术限定让对方的成本上升。

> 技术交流，方案确认

2013 年 3 月，我收集了美变的各种弊端，并一一向用户展示，技术部 P 明确表示了美变的劣势，采购部和业主出于对整体电站质量的担心，遂决定采用欧变。

接着 W 经理向 GGD 公司提供了两套以上的欧变方案，并进行成本分析和性能对比。在做了大量的细节对比之后，业主认可的结果是：采用干变和美变价差在 10% 以内，对整个工程的造价影响非常小。至此方案已完全确认。初步达到了我方不但参与其中，而且向有利的方向倾斜。一旦方案确定，那么技术细节可以限定竞争对手的成本。

经过两个月的沟通交流，W、P 都不希望自己辛苦的付出没有好的结果，顺理成章地成为 JKT 的支持者。技术细节问题的探讨也水到渠成。

> 高层公关

招标在即，W 经理的工作非常顺利，不过竞争对手也没有"睡大觉"，他们通过副总 K 结识了 W 和 P，W 感觉到了很大的压力，建议 W 经理通过业主方或者 GGD 总经理 H 做工作。

时间紧迫，W 在与业主方人员以及 H 的好朋友简单沟通后，意外发现了第二家竞争对手，有一家不知名的企业××电气通过业主方找到过 GGD 总经理 H，那么 W 经理由于营销成本的原因，没有去找过总经理 H ，在有人捷足先登的情况下，加上时间太紧已无法深入地与总经理 H 接触。

营销方案调整：W 经理重新调整了思路，与某集团平分项目，共同挤掉××电气。该思路得到了 W 和 P 的赞成以及副总 K 的默许。

同时得到的效果是价格高于某集团也可以中标一半。

> 招投标

2014 年 6 月，正式拿到标书，并投标。共有 6 家厂家投标。

潜在的中标人中：某集团价格最低，JKT 价格适中，××电气价格最高。

评标委员会评定：某集团与 JKT 各中标一半。等着拿中标通知书。

意外：第二天××电气主动降价，并直接找到业主向 GGD 总经理施压。GGD 公司向业主呈报中标结果时，遇到了阻力。为了避嫌，所有程序又重新回到原点，按原投标价评定，采用了最低价中标。

对外宣布中标结果：某集团一家全中，完败！

五、案例分析

在案例中，我们是以失败告终的。一般人都会觉得最后肯定是我们签单。从前期我们成功发展了 1~2 名业务联系人，通过方案的沟通，以及以前合作的优势，W、P、V 都成为不同等级的教练。还通过几次有目的的旁敲侧击，把竞争对手的大概情况也摸清楚了。从这点来看，我们离成功已经不远了。

但最后却是一家全中，他们中标并不是因为他们的产品有多好、交货有多及时，反而差一点被拉入 GGD 公司的黑名单。他们中标的原因，可能在价格上他们是有优势的，但是最关键的一点是，他们与高层关系非常密切，有高人相助一切得来是如此的容易，导致最终他们成为获胜方。

如果没有竞争对手，那么订单就完全是你的，价格也随便你定，只要对方能承受。所以竞争对手的分析是所有项目的源头。

六、案例延伸

总结以上的案例，我们可以分析出要想搞定高层，我们该采取哪些有效的策略。只有解决这些问题，才能让高层在项目中协助我们有效成单，那么对于不同岗位的高层，我们将如何应对呢？一起来看看。

表 8-1　如何应对不同岗位的高层

高层	搞定高层的策略
总工（技术决策最高层）	了解其社会关系，熟人引荐 了解爱好，满足需求 通过上级影响 协助其学术及技术上的进步 行业专家及权威的推荐 权威认证的相关材料 协助他进入到国家、行业规则制定的标委会及行业活动 协助他提高个人威信及团队整体水平 实地考察
上级分管领导	了解背景，找上级打招呼 搞定他周围的圈子，如朋友、亲戚等 投其所好 送健康，如高尔夫年卡、普洱茶等 私人定制——满足偏好，如国画、书法、钓鱼等 由下向上推进 实地考察
总经理	价格、付款方式、优质产品 政府关系 搞定家人和朋友 高层互访 朋友推荐 找共同的兴趣爱好 实地考察 业绩呈现
技术经理	技术交流（下级汇报，设计院推荐，实地参观，解决技术难题，请其做我司的技术顾问） 政治业绩，如申请科研项目等 利益匹配 同行交流（搭建平台） 情感投资 商务活动

续表

高层	搞定高层的策略
采购经理	商务活动 利益诱惑 领导施压 软磨硬泡

第四节　经典案例分享：只能打感情牌的"孤独者"

一、案例前言

项目决策人往往性格迥异，个人需求各有不同。在与项目决策相关人员沟通交流中，需对症下药，做到有的放矢。尽可能在公司的产品、供货服务能力以及个人人格魅力上取得对方的认同。通常，他们不按常理出牌，如果你拿捏得好，那么成单已经离你不远了。

二、案例背景

F公司是行业排名前三的企业，年钢铁用量3500万吨以上，其间通过多位业务员两年的跟踪和公关，各个部门的人员对F公司都比较认可，但由于该企业的特殊性，关键人员采购老总不点头，就无法进入下一个阶段，后经过内教练员的介绍和分析，此人只能打感情牌。

三、组织架构

F公司：老总，女，48岁，性格多变型，严肃，不好接近，属于职业女性，平时比较孤僻，朋友较少，说话办事雷厉风行，此人只能打感情牌
技术部：柳工，我方支持者
采购部：周工，我方支持者

四、案例描述

> 信息收集，锁定目标

了解到该企业的基本信息之后，对该企业进行了互联网、其他供应商、黄页和其客户对该客户的评价及各方面的信息收集，发现该客户的资金、信誉、企业发展潜力都非常不错，该客户被公司列为重点开发客户。

> 初步接触，获取信任

首先接触的是生产部及技术部，我对客户机型及使用品牌进行了了解；其次拜访了技术部门，目前客户使用的都是进口钢铁。但通过跟技术部柳工沟通客户的品质要求后，我对柳工说："客户的需求我司也可以满足，如果客户使用我们品牌，每年可以给客户减少35%的成本。"柳工对我方也是认同的。同时我也去拜访了采购部周工，一进门看到采购部周工正在打电话，没怎么理会我，电话打了半个小时。周工打完电话，我说明来意，并分析了使用我们产品能给客户带来的好处，可能周工对我等他打完电话等了半个小时有些不好意思，表示明天会跟他们老总沟通。

> 多次拜访，多次拒绝

第三天给周工打去电话，周工回复说老总（女性）不同意，因为终端用户指定要用进口的。听到这个信息后，对我有一些打击，但是不能因为这样而放弃机会。

之后，我也去拜访过F公司老总很多次，给客户介绍了目前我司的实力完全有能力满足客户要求，以及使用我司产品可以给客户带来哪些好处，但终端用户最终以客户指定为由拒绝了我司产品。

> 坚持不懈，办法总比困难多

一直坚信我们的产品能帮助客户，也相信我司的实力。于是，接下来我每个月都会去一两次F公司，一来二去就跟周工熟了起来，一次约他出来一起用餐，因为年纪相仿，我们交谈很融洽，跟周工关系更进了一步。

通过与周工沟通，感悟要想拿下订单，必须搞定他们老总。

> 耐得住寂寞，终于感动了"孤独者"

经过两年时间的长期跟踪（定期短信问候、生日送鲜花、写信等）及关系建立，老总对我的坚持有了一定的肯定，说话态度也好了许多，我每个月都会去拜访女老总，我们公司的新版企业文化也都会寄一份给她。一天，我像往常一样去拜访 F 公司老总，一进门她刚好在打电话，电话内容大致是，她儿子今年刚满 20 岁，老总答应明天跟他儿子一起去看一场著名的音乐会，但因为太忙忘记提前订票，今天一看票已经卖完，明天无法实现对儿子的承诺，儿子在电话那头吵着要去。挂了电话老总也跟我谈了他儿子今年刚上大学，儿子喜欢音乐，这场音乐会很难得，有许多著名的音乐家来表演，对儿子吸引力很大，对儿子今后的音乐道路也会有一定的帮助，并像往常一样简单地聊了聊。

出了女老总办公室，立即给我同学打去电话，他在音乐会举办地当主管。我同学回复，刚好还有三张票是留给他朋友的，但了解了我这边的情况后，果断地把票给了我。半个小时后我把三张票拿到了老总办公室，她看到票之后脸上表现出明显的惊讶。

➢ 开花结果，幸福来得太突然了

一个月后，我接到了周工的电话，说明天让我去他们公司，他们老总要跟我谈谈。去了之后，老总说："小林啊，经过这么长时间的观察和了解，我对你们公司的实力也是比较认可的，经过商讨，最终决定给你们一次试样机会。"

➢ 样品通过，签约成交

经过三个月的试样，最终试样结果客户十分满意，试样效果也很不错。最终，客户与我方签订了合同，并全部换成我方的产品。

五、案例分析

从本案例中可以分析出，不是每个高层都喜欢阿谀奉承，文中的这位"孤独者"就喜欢打感情牌，经过长时间的活动建立，感动了客户得到关键人的认可，创造了一次机会，最终拿下该客户。

不同阶段的困难，用不同的方法解决。在客户开发过程中，要越过自己碰到的每一道坎，坚持下去就一定会成功的。

六、案例延伸

在高层公关这个环节中，不是所有的高层都吃同一套的方式，我们应该分析一下不同的决策风格，制定不同的对策。

对于不同类型的对方角色，我们要分析其沟通特点，对症下药满足决策者的需求，更加有利于进一步的沟通及与高层的互动（见表8-2）。

表8-2　不同的角色类型分析

决策风格类型	风格特点	对策
行动型	比较重视目标，做事直接，能迅速决策	这类人不看重关系而关心产品价值，所以营销人员要用简单、直接的方式让他明白产品的重要性及其价值
表现型	喜欢自我表达，期望更多人认可自己，喜欢讲故事，讲自己的成功业绩、发家史等	更多地赞美对方、引导对方，让其多表达、"拍马屁"更好
人际型	较注重安全，希望与其他高层保持意见一致	需要更多意见领袖来佐证，让你相信，别人购买了我司产品，他的选择也不会错的
分析型	更注重任务，更需要精准性与逻辑性，最关心所购买的产品是否符合实用性要求	以专家对专家的形式推动其决策；利用别人的影响力推动其决策

|第九章|
"葵花宝典"之八：招投标

引言：了解客户的招标规则，规避因为标书、质保金等问题淘汰出局的风险，顺利中标、拿到订单为本阶段工作的核心要点。本阶段还应时刻关注竞争对手的动向，尤其是竞争对手的报价，在答疑时对于我方价格比其高/低都应有凸显我方优势的解答。

第一节　经典案例分享：功亏一篑的项目，还有下次吗

一、案例前言

我们谁也不能保证每次投标都能中标。通常情况是，我们战战兢兢、如履薄冰地对待项目中的任何细节，包括人员的交流、标书制作、对手分析等，但最后却功亏一篑。尽管如此，我们之前做的工作都会白费吗？来看下面的案例。

二、案例背景

ZH 公司是国内规模最大的主要从事连接器的研发与生产的专业公司，同时提供系统连接技术解决方案。该单位效益很好，资金有保障，若能拿下，必将成为标杆项目。

老厂区电气设备供货厂家有 TB、ZD、XJ 等公司，但多年来也未有如此大量新购设备项目的机会。ZH 公司内部各部门相对独立，但我们与它们也是纯粹的工作来往。

三、组织架构

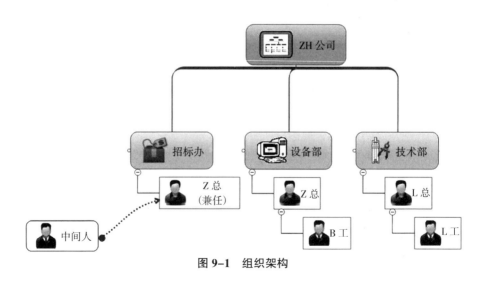

图 9-1　组织架构

四、案例描述

➤ 信息收集

项目前期，我们就已做了大量的工作，并在该基地项目变压器标段顺利中标。所以，在本标段招标中，我们希望能有更好的收获。

由于涉及金额巨大，ZH 公司内部人员比较谨慎，但我们仍了解到目前技术部和机动部对于 TA 和 LS 有倾向性。这是他们目前在使用的设备厂家，且在运行中没有出现大的质量问题。

ZH 公司不可能在公开场合明确支持任何厂家，同时，我们也了解到该项目对于 ZH 意义重大，公司高层及各部门还是希望能使用国内知名品牌，以保障车间精密仪器的安全运行。这一点，通过它们发布公告后又提高拦标价预算就能看出。

➢ 项目评估

由于该基地项目的变压器设备我们已中标，且经手人都对我司和产品知名度有很高的认可。虽然我司在 ZH 公司的高低压业绩有限，但如果能借此机会再把高低压设备做进去，必将是一个强有力的标杆作用。经汇报公司领导，最终确认积极参与并争取。

➢ 深度接触

我们了解到，本次招标的人员安排分工及整个流程都与变压器招标时一样，并且，技术部及机动部对 TA 和 LS 有倾向性。随即我们直接联系并拜访了技术部 L 总。L 总以不熟悉我司产品为由，仅做了简单交流就结束了会面。我们通过 L 总下面的 L 工了解到 L 总对于 TA 比较了解，认为它是老牌大厂，公司知名度高，且产品种类多；LS 虽然做工较粗糙，但近几年使用过程中还没有大的故障或事故发生，所以也没有反对的理由。加之这两个厂家多年来与 L 总保持有很好的关系。而 L 总又是近 60 岁的老技术，固有的观念不易改变。

➢ 技术交流，增加好感

基于此，我们采取了如下措施：

对于 L 总，我们积极地约见再次拜访，诚恳地汇报了我们在 ZH 集团国内其他项目的业绩，洛阳地区和河南地区的一些重大项目的使用情况，同时也汇报了我们公司近些年来的发展壮大，并诚恳地邀请像他这样的老技术、高资历的专家到我们公司考察指导工作。虽然 L 总推辞掉了，但我们明显感到给他的"高帽子"使他感觉不错，并且有那些重大项目做铺垫，他也基本算是认可了我们的产品。

➢ 高层公关，方案确认

Z 总是我们通过中间人才接触到的，他是设备部部长，但在基地建设中兼任招标办主任。他的意见对于项目的导向至关重要。所以一开始我们就对 Z 部长做了大量的工作，而通过变压器标段的中标，Z 部长也对我们公司、产品包括我们个人都有了更新、更高的认知。这让我们更有信心去争取高低压标段。

我们从 Z 部长那里得到招标文件的初稿，更加清晰地了解到项目是设计整体配置需求，同时在商务条款中增加了对注册资金、合同业绩、产品资格认证等方面的很多高要求。我们设计了有针对的新版投标文件，并将此版本通过 B 工提交给 ZH 公司光电技术和预算部审核修改。

在对招标文件修改后，在完全满足招标文件要求的前提下，只要价格合适，Z 总那里就可以通过。

➤ 投标开标，痛失合同

招标文件发布后，我们第一时间研究了招标文件的具体要求，并对其中后期增加的图纸与 ZH 公司方面澄清答疑。此次应标的共 16 家，我们也将相关情况及时汇报给了公司领导，公司也要求技术人员在完全满足招标要求的前提下，与我们一起参与到我方供应商的价格成本谈判中，并最终争取到了相对较低的供货价格。

但我们的中间人的费用在价格出来之前无法精确核算，综合多方面因素后我们决定在原投标报价的基础上增加 40 万元的报价以满足各方要求。

开标前我们按以往经验估算的 TA 的价格应该比我们略高，而 LS 公司即便报最低价，中标也几乎是不可能的。

开标公布了，TA 报了低价，按照评标办法正好满分，最终成为了第一中标候选人，我们投标失利，以遗憾告终。

➤ 项目后续

事后我们了解到，由于 TA 对当地供电局的要求不熟悉，在安装调试过程中花费了大量的物力和时间，严重延迟了验收时间和工程工期。

同时，我们也了解到 Z 部长、L 总对我们的认可度也很高，他们承诺在二期项目建设中积极推荐和选用我司的产品。这或许算是额外的鼓励吧。

五、案例分析

在该案例的整个过程中，业务员的销售活动做到了既符合客户的需求，又满足公司的要求，然而仍然功亏一篑。纵观全程，前期我方确定的目标是"与 TA 比价格，与 LS 比品质"，但最后仍然失败在价格上。这是每个销售业务员都不愿意看到的。

看起来似乎之前所有的工作、努力都付之东流。但通过项目后续我们知道，我方不仅强化了客户关系，客户对我方的评价也是比较高的，在后续项目中，我方仍有较高的中标率。这正是"塞翁失马，焉知非福"。

六、案例延伸

不论是招投标，还是与竞争对手争夺客户资源，价格战都是不可避免的。我们常用的价格战术有以下手段：

（一）用非价格手段还击

（1）揭示降价能力。

（2）质量竞争。

（3）互补者合作。

（二）用价格手段还击

（1）复合型报价。

（2）新产品捆绑。

（3）调整价格。

第二节　经典案例分享：千万项目，技术优势助力翻盘

一、案例前言

从几十万的销量到上千万的销量，这是非常大的跨越。大项目业务的推进与小项目相比，也存在非常大的区别。

从接下来这个案例中，我们可以了解到相关的内容，有一定的启发意义。

二、案例背景

企业员工技术比较弱，所以派员工到南京参加一个专业技术的学习。主要是

陪同学习。学习过程中,吴强偶然遇到了煤矿研究所的项目负责人 X 工,二人本来就认识,因为原来拜访过,而且是老乡,所以关系不错。在与他聊天之中,X 工说起一个大项目。

三、组织架构

X 工:煤矿所,信息提供者
P 总:吴强的师兄,内部的积极支持人
L 处长:工程处处长,为人滑头
E 教授:中国煤矿 A 大学,行业技术参数制定者
技术总工:关键人物,比较客观
实验室技术人员:技术的拥护者,对我方有好感

四、案例描述

➤ 信息收集

吴强在培训学习过程中遇到了老乡 X 工。与他聊天之中,X 工无意中说到,"在内蒙古有一个项目"。但是,X 工继续说:"我们所长认为你们 JQ 是小厂,品牌运作等各方面都不成熟,大项目不是很想合作。"

➤ 项目立项

吴强问:"内蒙古的项目你说说看吧,看看是否有机会合作,至少也给个小项目做做吧。"由于 X 工对吴强也比较认同,就说:"可以考虑。"

X 工本想把内蒙古工程项目额井筒上半部分 140 米井壁的防冻剂给吴强做,但是井下 1000 万元左右的外加剂项目,当时图纸设计的是由 SD 研究院和 JH 来做。

吴强心想:井筒上半部分,只是个几十万元的项目,感觉不够,为什么不试试 1000 万元的大项目?因此,就让 X 工介绍中间人。X 工介绍了甲方矿务局的 P 总,P 总是甲方的物资处处长。吴强从网络上搜索收集了其信息,发现 P 总居然是其大学的学长。

➤ 深度接触

甲方的项目部在北京,为此吴强专门花钱买了一辆别克轿车,同时,见面会

谈之前，吴强准备带一些土特产给 P 总当作见面礼。吴强首先拜访了 P 总，经过交谈，确认其就是大学的师兄，比吴强高两级，于是借助校友师兄弟的关系拉近彼此关系，同时以专业的谈吐打动了 P 总。

寒暄之后，P 总问，井下部分是否能做？吴强斩钉截铁地回答：可以！

➤ 高层公关

P 总介绍了 L 处长给吴强认识，L 处长是工程处的处长，是项目的关键人物，L 处长比较热情，但人也很"江湖"气。

甲方工程处有预算员、工程师、采购主任、助理 4 人，当晚大家一起吃饭，相谈甚欢，在上厕所的时候，吴强塞给 L 处长一些纪念品，经过几次推拉谦让后，L 处长还是收下了。不过在第二天，L 处长又退还了纪念品，但是也给吴强吐露了一些小道消息。吴强许诺成功后邀请 L 处长、P 总去工厂考察。

一个月后，吴强再次前往北京。L 处长告之：内蒙古这个项目非常特殊，在国内甚至在亚洲都是比较有影响力的，所以项目必须选最好的外加剂，因此，需要把国内做得好的公司都集合起来，包括 JH、SD 研究院也是必须要参与的。

吴强想能保住 140 米有业绩就行，所以，吴强与 JH 的张经理协议共同防御其他竞争对手，特别是 SD 研究院。

SD 研究院也不知道从哪里了解到这个信息，通过关系找到所长。最终形成吴强、JH、SD 研究院三方"混战"。

➤ 技术交流，体现实力

当年 9 月，甲方 P 总来电，要经过试验，用数据说话。

当时，吴强回应说，我们有很多成功的案例，尽管项目不是非常大，但是我们有信心可以搞定。因此，公司派我方技术人员去北京的甲方公司进行技术交流，案例展示，但结果反馈的效果一般。

交流会之后，P 总与 L 处长商量后，还是决定给吴强一个机会。当时，他们的想法是，反正吴强估计搞不定，只是给一个机会吧。

➤ 方案设计

吴强这边有技术思路，做过试验，但没有成功。最后，也没有办法，就只能让技术带好材料，到现场做配方。

到了北京，吴强拿到技术指标，发现要求很高，需早强、缓凝，感觉有技术矛盾。但是，技术指标是中国煤矿 A 大学的 E 教授设定的，E 教授是国内的权威人士。

吴强凭借自己的团队，反复试验，亲自上阵，不断试验外加剂的配合比，整整搞了 2 天，最后，结果非常让人兴奋，吴强的团队自己研发成功，并且设计出 4 种产品。吴强团队推出的最终方案是：井上用低端产品，井下用高端产品。

➤ 方案确认

公司提供的产品已经通过了专家论证。于是，吴强拿着配比来到甲方实验室，跟技术人员建立了良好的关系，以保证试验报告的真实性。经过多次重新调和配合比。外加剂由 4 种调整为 3 种。实验过程中发现上半部低端 2 种达不到指标，吴强将外加剂由 3 种减少为 1 种。经过 28 天的试验，JQ 最终研发成功，JH 与 SD 研究院失败。

采购主任来问报价，JQ 报最低出厂价 4000~5000 元/吨。

试验期间，P 总表示，作为同学，他也会提供帮助。

同时，P 总又说：尽管我能够确认，但是，我是物资部的，只能协助商务关系；技术方面，必须要技术总工说了才能决定，但是技术总工坚持要众多的专家认证。他说了不算。所以要让众多专家认证通过，这些专家可能比较难搞，特别是方方面面的关系要疏通，还是比较复杂的。

吴强听了 P 总的一番话，觉得 P 总好像在暗示什么：是不是要找技术总工呢？之前 P 总引荐过吴强认识总工，但是不好搞定，怎么办？

吴强想了半天，最后，解铃还须系铃人，于是，打电话给 P 总说要去拜访总工。

第二天，吴强来找总工，总工说试验结果还没出来，等出来了再找我吧。一周后，试验结果出来了，对比结果显示，我方的技术指标评价最高。但是，总工说其他两家也不差。吴强说，JQ 现在虽然小，但很想做大，所以希望总工能够给一些机会。

吴强抓住机会到总工家拜访，总工说：项目都是甲方说了算，我们就管好工程质量就行了。但是总工也说，将会采用价格合适且性能最合理的。

➤ 准备竞标，专家表态

三天后，甲方让供应商准备材料，包括报价。

参加评标会议：工程处 L 处长、中国矿大 E 教授、P 总、实验室技术员、技术总工、两位施工单位项目经理，一共七人。

JQ 预报价 4100 元/吨，并表示如果能中标，价格还可适当下调。

中国煤矿 A 教授认为 SD 研究院是国有企业，技术过硬，有合作的倾向。

吴强这边的支持者就是师兄P总和实验室方面。实验室表示，从客户数据分析来看，还是JQ技术最好。

施工单位项目经理推荐JH，工程处L处长也推荐JH，而技术总工则摇摆不定。

➤ 项目竞标，技术实力助力成为第一

中午吃饭过程中，师兄P总说：有点不妙，技术总工有点举棋不定；必须抓住技术总工，他建议：必须强化实验室数据才是关键！

吴强马上想到：在总工家拜访时，总工说过，价格合适且性能最合理的。吴强立刻给技术总工发短信："总工您好，您是非常在乎技术的，我们JQ虽然规模小，但是技术实力，我方还是有优势的，而且实验室数据表明，我们也是三家里面最好的一家。"

下午，三家各自陈述材料。吴强打印了几份，并当众朗读，对方问了几个技术问题，吴强一一作答，吴强特别提及"试验室数据表明，我们是三家里面最好的一家啊"。

最终，技术总工提议以数据说话，按技术排序，我方JQ第一，JH第二，SD第三。经过讨论，客户的结论是，对JQ和JH考察后再做决定。会后，决定与水泥厂联合成立专家小组对第一、第二名进行考察。

➤ 参观考察，最终确定

签订合同之前，我们邀请客户参观考察。这年的1月份下了大雪。P总给吴强打电话，让吴强准备请客，表示基本定下我们了。第二天，工程部部长给吴强打电话，约到其办公室商谈，他对吴强表示上半部可以用低端产品。

几天后，客户来我司进行考察。由P总带队，由工程处L处长等四人组成考察团。我们陪考察团参观厂区、设备，最后，P总表示，吴强这边麻雀虽小，但五脏俱全，只要能把工程做好就行。

➤ 签订合同，实现跨越

考察之后，双方就正式签订了合同，合同额1400多万元，按照工期月结。合同签订后一个月，甲方支付了第一笔货款，项目按照计划进行正常供货。

至此，JQ人实现了从0到1400万元的跨越，实现了煤矿行业的新突破，更是成为行业的新标杆。

五、案例分析

本案例中，我方与客户之前有合作，但仅限于很小的订单，如何实现跨越是个大困难。这个跨越不仅需要机会，还需要企业的实力。"麻雀虽小，五脏俱全"，吴强正是凭借自己的团队，实现了产品技术方面的突破，这是其一。但是光有产品还不行，客户不承认也是没有用的。吴强对客户的技术总工、物资处、实验室等部门的关键人员进行全方位的接触和沟通，甚至联合竞争对手去屏蔽其他的对手。因此，项目才能得以成功签约实现跨越。

六、案例延伸

大型企业在采购时，往往采用设置采购小组的形式进行采购决策。对此，销售人员必须要对客户决策小组的内部组织进行深度的分析，才能有效地把握客户的采购决策的关键人及决策的全过程。

具体应包括以下四个部分：

1. 客户决策小组的组织结构图，如果有关联机构或部门的话应该把关联机构或部门也体现出来

（1）需标注重要决策小组成员的职位、年龄、背景信息。

（2）需对客户决策小组内部的派系进行分析。

2. 采购决策小组成员在项目决策中扮演的角色分析

决策成员在项目决策中扮演着不同的角色，他们的详细定义如下：

（1）决策者：对项目进行拍板定夺，比如项目总指挥。

（2）技术评估者：对项目决策具有技术评估权，比如客户设备科、技术工程师。

（3）商务评估者：对项目决策具有商务评估权，比如采购经理。

（4）使用者：实际使用部门。

3. 采购决策小组成员的立场分析

客户方采购小组决策成员与我方关系的广度和深度分析如下：

（1）中立者：做事不偏不倚。

（2）教练：从感情上和行动上坚定地支持我们。

（3）支持者：从产品角度支持我方方案。

（4）反对者：从产品角度反对我方方案。

（5）死敌：从感情上和行动上坚定地支持竞争对手。

4.采购决策小组成员性格分析模型

（1）S 型：优柔寡断，好的倾听者，不愿承担风险。

（2）D 型：果断，强势，不愿被别人左右。

（3）I 型：友好，开放，愿意与人交往。

（4）C 型：怀疑，不相信感情，相信数据，不愿意与人交往。

第三节　经典案例分享：全线推进，确保成交

一、案例前言

招投标或者邀请招标，虽然都是公开评标开标，但是在招标前期、中期和后期都需要销售人员进行持续的公关活动以及技术活动。

招标前期，客户的教练与关键决策人都是同样地重要，但随着招标活动的深入，关键决策人的重要性会不断增加，在招标中期，除了对竞争对手的防御与进攻策略外，联合竞争对手排挤其他对手也不失为一个好手段。

下面的案例，化工厂毒气报警项目就是这样一个招标前期、中期、后期都有亮点的案例。

二、案例背景

客户 SD 化工厂是一家规模实力雄厚的综合性化工股份制民营企业。公司拥有目前国内单套最大的生产装置，采用先进的工艺，各种消耗特别是苯耗、碱耗是国内最低的，具有较强的市场竞争力。

三、组织架构

项目部总工程师：S 总工
技术部主管工程师：C 工
采购部部长：G 总
朋友：D，做计量设备的公司

四、案例描述

➢ 信息收集

客户 SD 化工正在筹建年产 10 万吨的酰胺项目，采用国际最先进的技术，各项工作正稳步向前推进，于 2016 年投入生产运营。

➢ 项目立项

2014 年 5 月我第一次前往 SD 化工，拜访项目部总工程师 S 总工，S 总工介绍说现在项目图纸还没下来，估计在 9 月、10 月左右开始采购气体报警器，到时会采取公开招投标的形式，选择相同档次的厂家来参与，最终不一定是最低价中标。S 总工建议我先去采购部登记一下。于是我前往采购部做了登记，并且见到了采购部部长。

➢ 深度接触

2014 年 8 月初再次前往拜访 S 总工，给 S 总工一盒竹叶青茶叶，了解到项目的具体采购日期还没定，但设计图纸已经出来了。整个项目有不到 40 个气体检测点位，其中有十几个检测苯的，其余是可燃的。S 总工说以前用的是 GJ 的，当时要求各企业带着样品过去。我们了解他们一般都是邀请招标，招标前先进行技术交流。然后我们去拜访技术部 C 工，本来还要去拜访采购部部长 G 总，但是了解到他出差了，不在公司，也就作罢。

5~8 月，虽然因为其间投标等原因，没有前往 HZ，因为 C 工能决定我们是否有参与招标的资格，因此工作重点就放在了他身上，基本上隔半月打一次电话，或发个短信问候一下。

直到 8 月底拜访 C 工，得知有毒气体报警有 22 个点，其中测苯的有 16 个，另外可燃检测有 43 个点。我们还了解到最多还有一个月招标。由于前往时他们正在招标，一直等到很晚才见到 C 工，而我们同 S 总工只是在办公室外简单地聊了几句。

> 方案设计

通过 C 工得知一期负责仪表的是 X 部长，于是第二天前往拜访，X 部长休班，推荐与他下属 Y 工见面。通过与 Y 工沟通得知，现在使用的气体报警器是 GJ 的。第一年使用时曾出现过零点漂移、探测器与控制器显示不一致等问题，经过更换后现在一切正常。我向他介绍了我司产品的优势，但招标他们一般是不会参加的。

在 SD 化工遇到了一位做计量设备的朋友 D。她们公司的计量设备已经在 SD 化工中标。从 D 处得知此次中标，SD 副总 S 总工起到了关键性的作用。9 月上旬，恰逢中秋节前，拜访了 S 总工和 C 工，并把过节礼品送给他们。S 总工说可能会在中秋节后开始招标，C 工说项目的一部分报警图纸到了，但是还有部分图纸没拿到。

> 招投标，预中标

10 月底，C 工答应招标时提前通知我，并透露现在有 GJ、BS 和我司盯得比较紧，HW 也有接触。我们希望 C 工邀请招标时把 HW 排除在外，他同意了，但实际上并没有这样做。

11 月中旬，我前往 SD 化工送入围资料，顺便拜访了 C 工，C 工告诉我们还没有最终确定招标时间，到时肯定会提前通知我们。

12 月底去拜访 C 工，我们得知要过完年才能采购。

2 月上旬，我们接到招标邀请函，2 月中旬招标。此次招标一共七家参与，分别是我司、GJ、CQ、BS、HW、HF、JT。两轮报价后，我司、BS、HW 预中标。最终我司以 21.8 万元，在预中标的三家中以中间价中标。

2012 年 2 月 11 日，到了 SD 化工项目所在地，给 S 总工送礼物，S 总工不收，等 S 总工到下午 6：30，跟随 S 总工的车到了他家，再给 S 总工打电话，礼物还是没收。这一天正好碰到 D 在签订合同，D 和 S 总工经过几次合作已经很熟悉了，她答应给 S 总工打电话推荐我们。连续两天给 S 总工送礼物，他都没收。

> 商务谈判，联合对手

下午 SD 化工的 W 总回到公司，要求我们三家再回去谈判。此时 BS 公司的销售人员已经开车离开 SD 化工返回公司了。在等待 BS 的过程中，我们与 HW 达成共识，HW 只是象征性地降一点价格，如果我们中标，给 HW 的业务人员一些费用补偿。

> 成功签单

经过又一轮价格谈判，HW 报价 23 万元，我司报价 21.8 万元，BS 报价 19 万元。我司最终以中间价中标。SD 化工给出的官方理由是：BS 的价格虽然比我们低，但是技术部 C 工和 S 总工都说没见过他们的样品，所以一致推荐我们。

中标后，我们仍然持续拜访客户，在后续的拜访中，再给 S 总工送礼物，这次 S 总工收下了，并表示以后有需求还采购我们的。

五、案例分析

此项目投标能够成功，关键人物的公关到位非常重要。在招投标前对技术部 C 工做了公关，过年过节送礼，关键时刻对其下了大手笔，才使在招标过程中 C 工能力挺我们。

但是作为一家企业的中层领导，C 工毕竟人微言轻，在对 C 工进行公关的同时，销售人员对 S 总工也进行了公关，平时礼节性的拜访及过年过节的送礼，让 S 总工对我们有了印象；在招标前、招标中对 S 总工锲而不舍地送礼，让 S 总工明白了我们的心意，所以在 C 工推荐我们的关键时刻，S 总工也顺水推舟力挺我们，才使我们最终中标。

六、案例延伸

在招投标过程中引导客户屏蔽竞争对手的常用方法：

（1）从企业规模和资质上屏蔽竞争对手。让客户对供应商的企业规模和资质等方面提出要求，以达到屏蔽小企业的目的。

（2）在供货期限上屏蔽对手。引导客户选用我司已有库存的产品，缩短供货期限，以达到屏蔽对手的目的。

（3）在产品的生产技术或品质要求上屏蔽对手。引导客户选用具有我司特色的产品，在制作工艺、产品品质等方面提出特色要求来屏蔽对手。

（4）利用服务条款来屏蔽对手。让客户提出特殊的服务条款来使竞争对手无法做到，逼迫竞品退出。

|第十章|

"葵花宝典"之九：商务谈判

> **引言**：商务谈判必须要遵守的原则：让客户变成我们的长期合作伙伴。要想成为长期合作伙伴，最好的办法就是让双方都成为交易的赢家。换句话说，我们与客户在协商之后，都应该觉得各自获得了成功，这才是真正的谈判高手。

第一节　经典案例分享："不输不赢"的谈判

一、案例前言

谈判的过程可以说是买卖双方斗智的过程，最终的目的无非就是为己方争取到最大利益。但其实，最好的结果是双方都能成为交易的赢家，并且交易还能持续地进行，而不是"一锤子买卖"。那么，在以成交和保证己方基本利益的前提下，谈判的一方或者双方做出一定的让步妥协是推进谈判进程的一种方式。

下面的案例看似谈判的最终结果是"不输不赢"，但实际上是"双赢"的结果。

二、案例背景

某大学在建体育馆，业主通过网上找到我们公司进行产品询价。我司按照正常的程序给它们报了价，报过价后，我们再不断地跟进这个项目。

三、组织架构

采购部采购工程师：H 工
采购部经理：G 经理
公司老板：C 总

四、案例描述

➤ 收集信息，建立关系
我司与找我司询价的采购部的 H 工有了多次的电话接触。我们多次表示想去登门拜访，但是 H 工都没同意。通过他，我们了解到，他们已经询了几家公司的产品价格，包括浙江 SY 的风机厂。

➤ 深度接触
经过与 H 工的多次联系，他告诉我们在这个项目上，他有推荐供应商的权利，但最后的决定权还是在他老板 C 总那里。我们请他帮忙推荐，他答应了我们的请求，也接受了我们的感谢。

在之后的交流中，H 工告诉了我们他们的大致价格范围，同时也透露给我们别的风机厂家报的价格。

我们根据这些信息，做了最后一次报价。H 工就让我们等待进一步的消息。在这期间，我们也与 H 工做了多次互动。我们可以确定的是，H 工也想让我们做成这单生意。

等了一个月左右，H 工打电话来说，让我们去现场见他们 C 总，谈风机的价格与付款方式。

➤ 商务谈判，出现僵局
在商务谈判之前，我方分析了我方具有的优势与劣势，优势有以下三点：

①我方知道客户的心理底价；②对方对我们的产品有一定的认可度；③我方有一位能提供消息的教练。我方的劣势有以下四点：①我方的产品价格较高，而客户并不需要太好的产品，因为是消防排烟，平时不开，但这个报价已经是我们公司的底价了，没有可以让价的可能性了；②能够帮助我们的人H并不是决策人，只是采购部的一般人员，他不具有决定权；③教练给我们提供的他们公司的付款方式，是我们无法接受的；④价格我们已经没法让步了，但这样会造成我们在谈付款方式的时候比较被动，无法用价格换好的付款方式。

我们到了客户公司后，与客户联系，约了时间去现场。我们询问了H工一些情况，了解到会有采购部的G经理具体来与我们谈，但是他们C总会来现场做最后的拍板。

当天下午，在客户的办公室，谈判的人中，我方有我与我们的销售员小张，客户那里有H工、G经理和C总。

刚开始谈的时候，是G经理与我们谈的，在价格上双方没有过多地纠结，就达成了协议，我们做了一点小让步，基本上在我们的理想范围内。C总在旁边也没有提出异议，认同了双方谈的价格，开始谈付款方式的时候，G经理给出他们的付款方式是预付30%，货到现场后再给50%，15%安装调试后再给，留5%的质保金。这个方案我们表示不赞同，客户让我们说说我们的付款方式，我们刚说出了我们的付款方式，还没等到G经理表态，对方C总就表示这个付款方式他们绝对不同意，而且情绪很是愤怒的，还说我们不是来谈判的，是来告知的。经过一段时间的谈判，我们电话向公司总部提出了申请，然后抛出了第二个我们可以接受的付款方式。但是客户的C总还是不同意这个付款方式。这个时候，他起身就要离开，离开之前跟采购部的G经理与H工说，不行就换一家吧，不用跟我们谈了。但是H工马上就回答他说，别家的风机要贵不少呢，C总走的时候说，贵就贵吧，我决定要换别家了。我们看到这样的情况对客户说，那今天就到这里吧，我们都静一静吧，考虑好了，明天我们再来。出了他们公司后，碰到他们C总开车要走，我们向他打了招呼，C总未予理会，径直开车离开。

➤ 双方妥协，签订合同

我们分析了对方的情况，以及C总离开并且不愿意跟我们继续谈的可能原因。然后，我们就与H工通了电话，聊了聊今天会谈的事情，摸清楚了对方的底线。H工也跟我们讲了他们给C总汇报的情况，以及C总给他们的底线：就是他们的付款方式不能改变，别的具体情况还可以谈。

H工说了一个双方都让步的方法：等风机发到后，你们看到 50% 的款项后，再卸货，这个他们是可能同意的，我们也跟公司总部做了汇报，这个方案也是我们最后能接受的。

第二天一早，我们赶到现场，见到了 G 经理与 H 工，我们让 G 经理说出了他们最后的接受付款方式，我们也谈了我们最后能接受的方式，双方达成了一致意见，就是预付 30%，货到现场后，看到风机，再付 50%，我们收不到钱，不卸货，安装调试后或者货到 3 个月后付 15%，留 5% 作为质保金。

我们与 G 经理和 H 工谈好了付款方式，我们又去见了 C 总，跟他谈了这样的付款方式，他也同意了，但是要求我们带他们的人去参观一下我们在当地的项目，我们答应了他的要求。

回到办公室后，我们分析了客户的表现，我们认为这个客户还是真想与我们做生意的，我方虽有风险，但是我们还是能接受的，就签订了合同。

五、案例分析

本案例中双方的焦点主要在付款方式上，双方在不同程度上都做出了妥协，最终获得订单，取得了成功。虽然在前期的商务活动中，我已经探知客户的心理价格范围以及对手的报价，但对于客户的决策人了解不够深入，不能准确地把握其心理，导致在初次商务谈判中出现僵局，险些丢失订单。好在销售人员及时跟进教练了解详情，做出妥协的解决方案并成功说服客户决策人，取得最终的订单。

六、案例延伸

（一）合同谈判阶段的工作核心要点
（1）为公司争取到比较好的供货价格及付款条件。
（2）规避合同风险。

（二）合同谈判时，价格谈判是绕不过去的，价格谈判可采取"以退为进"的策略
（1）虚设领导，通过不断请示表达降价困难。
（2）除非交换决不让步。
（3）同两个或更多的人谈判的时候，你要当心。

"红白脸"可以有效地向对方施压，又不会导致冲突。而我们也可以采用同样的策略。

（4）最后一分钟策略。

在谈判结束的时候，你可以得到客户先前不愿意接受的东西。

（5）不做均等的让步。

不要做最后一个大的让步；不要因为买主要求你给出最后的实价，你就一下子让到谈判底线；逐渐缩小让步幅度，暗示你已经竭尽全力。

（6）提出一长串的条件给对方。

表面上你非常在意这些条件，通过对无关紧要的条件做让步，换取重要的条件。

（7）假装不情愿地让步，在谈判的最后给予小恩小惠的安慰。

用最后时刻小小的让步来安慰买主，减轻他输给你的感觉。时机比让步多少更为重要，让步可以很小很小，但仍然十分奏效。

（8）付款条件和付款方式比价格优先。

第二节 经典案例分享：打破谈判的坚冰

一、案例前言

买卖双方在商务谈判中比较容易陷入价格与付款条件的拉锯战，这很可能使业务推进陷入僵局。如何破除谈判的坚冰，需要双方的开诚布公，同时也需要谈判的双方能切实地从对方的角度去看待问题，提出解决思路，以推进业务的进展。

如何打破僵局，请看下面的案例中，销售负责人的做法是否能有一些启发呢？

二、案例背景

客户公司深圳总部那边在内地投资了一家玻璃厂，新厂需要购买压缩机。有三家供应商竞争，我司是其中一家。

三、组织架构

负责技术和商务：W 总
总公司派驻下来主持工作：L 总
负责采集供应商信息询价报价：采购部采购 L 工

四、案例描述

➤ 信息收集，项目立项

2015 年 6 月初，我司销售 C 得知该公司需要购买一台 15 立方米的压缩机。通过采购 L 工得知竞争对手有一家是浙江企业，另一家是广州企业，而总部派驻下来的 L 总恰好住在广州这家企业的附近，对这家企业略有知晓，先入为主，这样对 C 很被动，通过力邀 W 总来自己公司考察和公司高层接触几次以后，6 月底，W 总基本确定下来可以考虑用我司推荐的节能产品，并拟好合同要求我们尽快签合同交付使用。

➤ 深度接触，出现障碍

7 月初，合同拟定完毕，就等着客户交付预付款定金发货给对方。突然 W 总给销售 C 打电话，要求修改付款方式，无预付款，客户使用半年，机器没有任何故障率，再付款 50%。公司销售 C 说明公司没有这样的付款方式，也不会答应客户签这样的条款，W 总说那就是对自己的产品不够自信了？拒绝再与我司谈合同执行进度，并说如果再不答复，就和另一家拟方案，采用无预付款方式先使用的合作方式与另一家签约。

➤ 业务受阻，一筹莫展

这个时候，销售经理 C 一筹莫展，求助销售老总与对方沟通也无法沟通到位。甚至妥协以降价作为付款的条件，对方不但不做让步，还在原有价格的基础上，把我们妥协让步的价位也死死咬住，若不按照妥协降价后的价格再加上付款方式两个条件，三天后他们就和其他厂家签订合同。

销售老总因此向对方提出抗议，现场气氛很不愉快。整个事件陷入僵局。

➤ 意欲破局，一红一白

正在外地出差的我接到这一信息，首先把来龙去脉问了个清楚仔细。一方面责成销售老总为自己过激的行为做出道歉，另一方面让销售老总务必给我约到W总见上一面。

放下电话，我立即订了当天的机票赶回公司。第二天8：30如愿约见到W总，一进到W总办公室，W总一直在忙，我说只需要给我十分钟，把事情说明白即走，买卖不做诚意在。

➤ 商务谈判，打破僵局

W总把我让到会客室，坐下来看看手表说，可以，就给你十分钟，如果说不动我，或者不答应条件，那还是没有任何余地。我说没问题，给我十分钟让我阐述以下几点就可以了。

第一，自古以来，生意合作的宗旨并不是单赢，要共赢才是王道。所有的合作都是在天平上权衡，买卖双方其实是平等的。我们帮助客户解决设备技术问题，其实也是帮助客户的项目成功顺利地发展。

第二，乙方追求合理的利润是毋庸置疑的，企业一定要有合理的利润才能得到良性发展，而并不是靠低价恶性竞争来维持自己的企业，这不是大公司的运作方式，所以我们公司是值得你们长期合作的。

第三，并不是不要预付款给对方先使用就是对自己的产品足够自信。这只是小公司急于求存而拿出的不良竞争的一种手段。如果所有的合作都以这种模式展开，对于企业来说，大量资金铺垫衍生的额外费用，最后一定是要甲方买单的。这点大家都明白，羊毛肯定是出在羊身上的，或是从产品减配入手，这样的产品在使用过程中存在巨大的潜在危险，并且故障率比标配的产品要高出不少，企业购买了这样的产品会面临后期维护保养费用的大幅增加。这样不断循环下去，终有一天，企业会被资金短缺的问题困住，怎么能保障以后的持续合作和服务？

第四，即便竞争对手现在承诺对自己的产品有自信，不会出故障，但是一旦出了故障，耽误的照样是客户的时间，那么甲方最终也不能少给对方一分钱货款，到时候甲方不仅要承受对方因为财务资金衍生的费用，照样还是要为乙方的产品质量买单，最后闹得双方由合作方变成了冤家甚至对簿公堂。当然也许是我说得有些极端，但这样的事情在行业里也屡见不鲜。相信W总即便没遇到过也一定听说过。

➤ 成功签单

说到这里，我停了一下，然后继续说："W总，我的话说完了，您可以考虑一下，是以公平合理的方式来履行甲乙双方的双赢合作，还是觉得在这样不对等的条款下依然坚持把信任和持续合作交给乙方呢？请 W 总谨慎考虑！"

W 总沉默了，开始一根接一根抽烟，我也不急，坐在那里喝茶。十几分钟以后，W 总掐掉烟对我说，你们去采购那边把合同签了吧，价位按照你们给的妥协价，付款方式就按你们的方案来。

三天后，对方付出了预付款。我司销售 C 持续跟进直至完美收官。

五、案例分析

本案例中，双方的谈判在合同条款，尤其是付款方式上产生了较大的分歧，一度产生冲突，但是我方负责人采用了正确的策略。一方面要求责任人对客户道歉，另一方面积极准备对客户的关键人物实施攻坚。

六、案例延伸

商务谈判是确立双方在后续合作中的地位的重要活动，是一件耗时耗力的工作。这个阶段我们通常要打破僵局，找到关键人物，实施征服。

（一）打破僵局

1．"红白脸"策略

此种策略在业务谈判中运用较多。所谓的"红白脸"策略，在某种程度上可以称为双簧。

当业务谈判出现一些问题的时候，当谈判陷入僵局，整个谈判的气氛充满了敌意的时候，双方因为坚持自己的观点和利益，不肯作出让步，那么"红白脸"策略就可以用上了。

扮演白脸角色的人可以表现出自己的生气和反对，大发雷霆尽力指责对方都可以，主要目的就是将气氛再弄得紧张一点，甚至让对方不知所措，随后，红脸角色的扮演者就可以出场了，他的任务就是来缓和这种紧张的气氛。

由于白脸人将对方激怒，对方自然会跟着发怒，随后又会感觉自己的发怒有欠妥当。那么这个时候，红脸人调节气氛就可以给对方一个台阶下，那么对方自然会作出让步，促使谈判继续进行。

在使用这种策略的时候，要注意：使用之前，应当仔细进行排练，选好扮演白脸和红脸的最佳人员。在使用过程中，要注意整个谈判的气氛，同时要见好就收，不可过度使用，以免难以收场。

2. 假装不明白

倘若谈判陷入僵局，不妨装作不明白来缓和局势。装不明白，装糊涂，这也是业务谈判中的重要策略之一。谈判老手经常将装糊涂作为谈判的绝技使用。

当谈判出现僵局的时候，当谈判的局面对己方越来越不利的时候，就可以装作不明白了。假装不明白对方在讲什么，某种程度上能够在双方陷入僵局的时候缓解紧张的局势，并可以以此来麻痹对方的斗志。

当对手对你步步紧逼的时候，假装不明白能够帮助你绕开对己方不利的条款，同时能够帮助你将谈判的话题引到对自己有利的局面上。你装不明白的时候，对方会认为你误解了他的意思，进而赶紧向你解释，并在不知不觉中受到你言语的影响，那么你就可以变被动为主动。对于谈判高手，对对手的表述装作不明白，贵就贵在以巧治巧。想装作不明白，先保持沉默再说；装不明白，得有度；装不明白，不能只停留在口头谈判上。因此，只有准备好策略，才能够在谈判陷入僵局的时候缓解局势。

3. "最后通牒"策略

采用这种谈判策略的时候，本身是因为谈判者已尝试过其他策略都不再有效，最后通牒成了唯一可能迫使对方再让步的办法。因此，只有向对方施加压力，迫使对方做出让步。而在实施最后通牒策略的时候，要有令人信服的理由和委婉的解释。同时，要给对方留有余地，否则，即便对方想要达成协议，做出让步，但是没法下台，这样谈判自然也无法达成一致。

（二）攻击要塞

俗话说："擒贼先擒王。"就是说只有抓住了关键人物，才可以取得关键性的进展。

每个人的性格及特点都是不同的，谈判中关键的决策人物也是一样，要征服他们，首先要对他们有一个基本了解，根据个人不同的需求，投其所好，巧施技巧，打动对方。我们将关键的决策人物分为以下四类：

（1）犹豫不决的决策人物。

（2）爽快型的决策人物。

（3）悲观型的决策人物。

（4）骄傲自大型的决策人物。

总之，人的性格特点都有所不同，关键是找到决策人物，然后针对这个决策人物实施征服的方法。

第三节　经典案例分享：知己知彼，胜利在望

一、案例前言

　　面对一家从来没有合作过的客户，在第一次商务谈判时，谈判前期的工作对确立双方在后续合作中的地位有着重要的作用。在谈判前期，我们需要对双方的优势与不足、期望与底线都有详尽的分析。如此，才能"知己知彼，胜利在望"。

二、案例背景

　　NL科技是一家集工业除尘、空气净化工程设计和环保产品研发、设计、制造、安装、服务于一体的高新技术环保企业。该公司的焊接除尘、切割除尘、打磨除尘、布袋除尘等设备上会配套使用工业离心风机。

三、组织架构

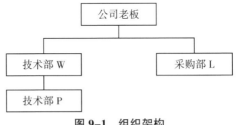

图 9-1　组织架构

技术部总负责人：W 总经理
技术负责人：P 经理
原采购部负责人：L 经理，L 经理的父亲是公司三大股东之一，但不在该公司上班

四、案例描述

➤ 信息收集，项目立项

我司在 2015 年初成立了工艺事业部，大力推广工业离心风机，结合 NL 科技的实际情况，认为 NL 科技是个潜在的优质客户，可发展成长期的战略合作伙伴，故将该项目列为重点跟进项目。

NL 科技的采购模式：技术部设备选型→采购部询价→商务谈判→签订合同。

➤ 深度接触

经多次接触了解到，在 L 经理进公司之前，采购和技术总负责都是 W 总经理一个人，在 L 经理进公司后将 W 总经理手中的采购权分出来交给 L 经理，且 NL 科技也在寻找新的风机供应商。该公司现在使用多年前由 W 总经理引进的 DF 品牌风机。

近期，L 经理离职，W 总经理重新负责采购和技术。

➤ 方案设计

前期根据 L 经理提供的风机清单，做了选型与报价，由于所选型号风机的外形尺寸比竞争对手风机的尺寸普遍偏大，在除尘设备上无法安装，被 W 总经理直接否决。

6 月，在某个项目上 DF 的业务员擅自提高报价被 L 经理发现并上报公司。由此，公司高层决定以后不再使用 DF 的产品。

我司给 W 总经理报过价后，W 总经理觉得价格比现有对手要高。

我司 M 总在与 W 总经理交流后，决定针对除尘设备单独研发一款新的离心风机，新风机在参数相同的情况下比国标风机效率更高，外形尺寸更小，部分型号的电机功率有可能会小一个档，截至 2015 年 1 月，样机还在试制中。

➤ 双方解析

在跟客户谈判前，我们分析了双方的优劣势，总结如下：

我方的优势：由于新风机需要量身定制，相比国标风机，新风机的效率更高，外形尺寸更小，所以配电机功率有可能会小一档。

面临的问题：同行竞争激烈，对手价格比较低，同时 NL 科技有可能会要求其他供应商非标制作；我司之前的国标风机报价比竞争对手要高，新风机的价格会在此基础上再贵 20%~30%；W 总经理会以长期配套供应为由，压低价格。

优势：客户决策相对简单，技术和采购都由 W 总经理负责，另外离职的 L 经理也表示愿意推荐我司新风机。

初次提案条件：预付款 30%，全款发货，这也是我司认为最理想的谈成的条款。

我司的底线是：预付款 30%，发货前付到总货款的 70%，货到现场后，付到总货款的 95%，留 5%的质保金。

弹性空间：发货前付到总货款的 50%~70%。

➢ 面对困难，开始谈判

3 个月后，试制的样机终于取得了成功，我们也开始与 W 总经理进行合同方面的谈判。W 总经理开始就抛出价格的问题，一再要求我们的报价必须要降。看来，艰难的谈判要开始了……

目前，这个新项目的谈判仍然在进行中。

五、案例分析

这个案例虽然还没有最终结果，但仍是让我们有所期待的。我方在谈判之前，就已将双方的优劣势分析清楚，借此展开谈判前的准备工作，有针对性地理出应变之策。"知己知彼，百战不殆"这句至理名言将在这个案例中充分体现。

六、案例延伸

双方刚开始合作，商务谈判是确立双方在后续合作中的地位的重要活动，是一件耗时耗力的工作。按照谈判的阶段划分，我们分为谈判前场、中场和后场三个阶段。

在谈判的前场，我们需要做的工作有：

(一) 知己知彼

在谈判中，不仅要收集与自己有关的信息，还要收集有关对手的信息，只有知己知彼知势，才能探索出对方的真实需要，避实击虚，掌握谈判的主动权。因此，谈判前需要了解的信息有：

(1) 了解客户要购买什么。

(2) 了解产品。

（3）了解谈判对手。

（4）了解竞争者。

（5）了解自己的公司。

（6）了解其他影响性的环境信息。

（二）管理目标

谈判目标指谈判人员为满足自身的需要而确定的指标或指标体系。既是谈判的起点，也是谈判的归宿和核心问题。一般来说，要设定如下三种目标：

（1）必须达成的目标（最低限度目标）。

（2）立意达成的目标（可接受目标）。

（3）乐于达成的目标（最优期望目标）。

（三）在实际操作中，需要对以下几点进行目标的设定与明确

1. 合同文本的提供

（1）合同文本尽可能使用本公司已有模板，如由甲方提供，需对合同细节如产品验收标准、付款方式、违约责任等仔细加以斟酌。

（2）对不利于我方的合同条款与甲方进行谈判修订，如不能修改的，尽量用补充条约来限定。

（3）审定合同条款内容是否符合国家的法律规定。内容是否完整详尽，用词是否准确，是否有含糊之处。

2. 考虑商务谈判的重点

（1）价格。

（2）交货期。

（3）付款方式。

（4）罚款条约（违约）。

（5）售后服务。

（6）质保金。

（7）运输方式及保险。

（8）产品及备品备件数量。

（9）技术参数。

（10）配置情况。

（11）技术培训。

|第十一章|

"葵花宝典"之十：签订合同

> **引言**：在合同签订前需重点关注两点：一是关注合同签订的进展情况，防止发生意外；二是如何规避合同风险。如果是对方草拟的合同文本，要注意规避合同陷阱，如货到后付款、不能按时到货罚款等，积极为我方争取到最有利的条件。

第一节 经典案例分享：一波几折，最终成功

一、案例前言

大型工程项目涉及工程总包 EPC。销售人员在进行项目推进的时候，需要对总包方、设计院、施工方、业主进行全方位的沟通了解，建立内部教练系统，确保招投标最终成功及最终签订合同。其中一个环节没有照顾到，一个关键人关系没有维护好，就会在后面的推进中出现各种问题。

下面的案例就是由于关键人物的工作没有做到位而在业务推进过程中产生巨大阻力的，几乎导致全盘失败。

二、案例背景

通过多年的努力工作，在科员甲的帮助和采购科的协助下，我司成套配电产品在 2014 年就进入了 WL 公司的合格供应商目录。WL 公司的成套配电项目总包给了 DS 研究院。得到这一信息，我就开始积极接触设计院进行沟通。

三、组织架构

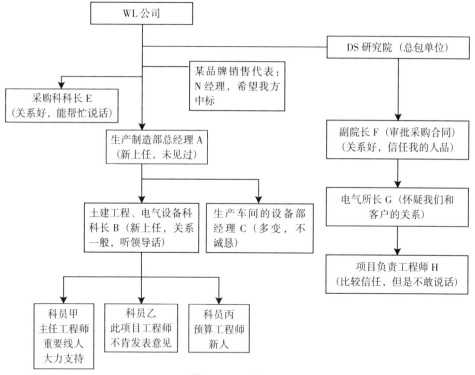

图 11-1　组织架构

四、案例描述

➢ 信息收集

我司成套配电产品在 2014 年进入了 WL 公司的合格供应商目录。通过接触，了解到土建工程和电气设备科科长不管事，基本都是科员甲去做。科员甲因为现场知识丰富，而且是主任工程师级别，还有点儿技术权威。此人是我的第一个教练。

➢ 项目立项

2013 年底，此项目总包出去给 DS 研究院的设计公司，在技术交流过程中，甲多次向 G 所长推荐我们的产品，而且告诉我信息，让我及时与总包单位沟通。由于 WL 公司是我们代表处的长期重要客户，所以该公司的任何项目基本上都是我在做，项目也通过邮件发送给公司，然后由公司市场部群发给各地代表处。各地代表处销售经理都很支持。

➢ 深度接触

由于我们公司还没有建立大项目由团队集体公关的机制，所以该项目都是我个人在努力公关。该项目涉及人员众多，我通过短时间的努力，业主的采购科科长 E 和总包单位的副院长 F 都对我们表示大力支持，且成为我的新教练。至此，我在该项目中有了三位教练。

2013 年底，业主发生了重大人事变动，生产制造部总经理 A 新上任，我们还未见过面。一两个月后，土建工程电气设备科长被调离岗位，由原来的科员 B 上任。他很听从领导的话，而我和此人关系一般。科员甲原本是很有希望做科长的，结果却事与愿违，他的情绪也很低落。

这个人事变动导致我在 2014 年 3 月的一次业主自己的招投标资格预审查中被踢出局，理由是 C 经理反映我们产品出现过重大问题，而且售后服务令他们不满意。

此时我们又一次面临被动局面，接着我借助三位教练和自己的努力，最终参与了该项目总包单位的招投标。

➢ 技术确认

在科员甲的技术交底下，我和我司技术人员多次与 G 所长、H 工沟通，确保我们标书中的各种参数都满足业主的需求，此外，我还多次与某品牌断路器销售经理 N 经理沟通，该断路器在此项目中有 100 多万元的需求。

➢ 商务公关

至此，我把工作重点放在负责审批采购合同的副院长 F 的沟通上，多次向对方表明自己与业主的关系，并且还多次跟 G 所长沟通项目上的各种信息。

➢ 组织招标

标书下达后，我们多次与 N 经理沟通价格下浮比例，拿到了特价。在技术参数上均满足客户要求。

➢ 合同签订

最后中标结果出来了，还给我司发了中标通知书，我很高兴地等待客户邮寄合同过来给我签订。结果等了一个多月都没有收到，后来一问 F 副院长和 G 所长，才知道我的中标通知书被业主的生产制造部总经理 A 给否定了。总经理 A 让他们去询 YK 和 DQ 的价格，希望总包单位跟这两家之一购买，而且 YK 的销售经理还跟总包单位说我司在业主那里是没有人支持的，用了以后在验收过程中会被卡。

不过，F 副院长还是很支持我司，他顶住压力，没有放弃我们，只是让我们耐心等待。在总包向 YK 询价期间，我多次与 N 经理、H 工联系。之所以和他们两人联系，是因为 N 经理是区域销售，我司要是采购设备，他肯定能从中获取利益，所以他也不希望 YK 中标。于是 N 经理从元器件提供的时间上去和业主的 B 科长、总包单位的 G 所长说明供货的时间压力。而 H 工是总包单位负责现场的工程师，如果由于货物交货时间延长，导致该项目整体的竣工时间被拖延，他会负连带责任。业主方不会因为他们内部人员拖延总包单位的采购时间，而延长项目的整体验收时间，所以最后只会把责任怪罪到 H 头上。为了以后减少风险，H 工也多次去和他的领导 G 所长反映现场时间的紧迫性。我还主动打电话给一般关系的 B 科长，给予他口头承诺，希望他多多帮忙，还多次鼓动科员甲给 G 所长电话了解情况，旁敲侧击地给 G 所长传递了一个信息，就是业主中有很多我司的粉丝和支持者，不会影响他们的工程验收。

最后终于在中标通知书废除快两个月后，总包单位 F 副院长通知我，可以排产了，他们马上邮寄合同给我。至此，终于拿到合同，并且签字盖章确认法律效应。

五、案例分析

在业务过程中找对关键教练很重要。该案例中，教练也起到了关键的推进作用，如找到总包单位的副院长，得到了他的大力支持。从技术和现场工程的整体情况上给予说明，说服 N 经理和 H 工也是成功的关键之一。

在长期项目中，要长时间地和客户保持关系，长时间地了解客户的人事变动，及时对变动后的人事关系做出新的公关。本案例中，由于生产制造部总经理A新上任，而销售人员没有在第一时间与其进行交流沟通，错失了对关键人物的把握，因此在关键的招投标阶段对我方做出了不利的动作。幸好，我方在业主、总包方的教练和关键人物的关系较深入，通过在倾向我方的教练的积极协调下，最终拿到了合同。

六、案例延伸

签订合同的常见错误及问题：

（一）常犯的错误

（1）急于拿到合同，胡乱答应客户的苛刻条件。

（2）事先不给自己留有余地，事后向公司讨价还价。

（3）销售人员未经请示，就超越权限答应客户提出的条件。

（4）合同不仔细审核，就草草签字。

（5）对合同签订人的资格不加审核，公章没有审定，给企业带来风险。

（6）对可能存在的合同风险未加评估，导致货款或质保金难以收回。

（二）常见的问题

1. 如何拟定标准规范的合同文本

（1）合同文本尽可能由本公司拟定，如由甲方提供标准合同文本，需对合同细节如产品验收标准、付款方式、违约责任等仔细加以斟酌。

（2）对不利于我方的合同条款，与甲方进行谈判修订。如不能修改的，尽量用补充条约限定，以规避风险。

（3）审定合同条款内容是否符合国家的法律规定。内容是否完整详尽，用词是否准确，是否有含糊之处？

2. 如何及时兑现对客户的承诺

拿到签订好的合同文本后应做好以下三点：

（1）拿到签订好的合同后，应当当面感谢曾经帮助过你的人。如不能当面表达感谢，也应在电话中表示感谢。

（2）在表示感谢的同时，暗示其会有所回报。如当初已有过承诺的，可明示他：你正在办理手续；如没有承诺的，你可以选择恰当的时机，送其小礼物。

（3）向公司申请相关费用，兑现对客户的承诺。

注意：兑现承诺必须表现得积极主动，决不要等客户先开口。言而有信，才能获得客户的尊重。

3. 如何依据合同的条款，确保合同的正常执行

要确保合同的正常执行，必须做到以下七点：

（1）与客户的相关部门保持联系，确保合同定金及时到账。只有合同定金到账，该合同方真正有效。

（2）合同定金到账后，应督促公司相关部门排定生产计划，并定期跟踪合同产品的生产进度。

（3）密切关注项目施工的进展情况，提前预知需要使用公司产品的具体时间，尽可能给公司储运部门预留充裕的时间。

（4）了解公司产品发运客户的时间段的天气情况，如天气原因（如台风、冰雪等）会导致运输时间拉长，应提前与客户说明。

（5）了解工地的运作路况，何时送货到工地便捷。同时安排好卸货人员和接货人员。并安排专人做好产品验收过程。

（6）及时妥善处理各类问题（如产品质量、延期交货、数量短缺等）；化解与施工方的矛盾，保持融洽的关系。

（7）及时催讨到期的货款，保证及时供货。

4. 如何保证合同在规定时间内送达客户

将合同在规定时间内送达客户，应注意合同送达途中可能遭遇的不测或预防竞争对手从中搞鬼。当注意以下四点：

（1）合同送达是指销售人员亲自上门送达，并让接受人签收。如难以登门送达的，可用特快专递邮寄。并保留邮寄存根以便查询。

（2）合同送达后，应在三日内告知项目决策人。以防竞争对手利用其教练搞鬼。

（3）收到签字盖章的正式合同文本后，应确保一周内送达（邮寄）到客户处。

（4）如重大项目，可以举行合同签字仪式。当场交换合同。

第二节　经典案例分享：转型后的第一个客户

一、案例前言

　　能不断签单大概是每个销售人员做梦都想要的事情。签单只是销售过程最后的成果，要想得到这样的成果，必须经过信息的收集整理、各方面的接触交流，有了签单的意向，还需要小心对待竞争对手，直至排除一切障碍，最终取得合同。

　　下面的案例就是新销售人员如果通过自己的努力和团队的配合等最终取得第一个订单的。

二、案例背景

　　我司名为 NH 技术公司，是专业生产和销售防爆设备的。客户群主要是石油、石化、军工、医药等行业。我做市场营销可以说是早就计划好的，因为多年前到这家公司上班时，我就和老板讲"做几年技术后，回乡帮公司卖产品"。换个角度说也是无奈之举，因为自己 40 好几了，一直做技术工作，突然做市场营销，能行吗？我的第一个客户会在哪里？

三、组织架构

　　F 总：GT 公司没什么实权的老总

　　L 总：GT 公司老板

　　H 总：MY 公司副总

　　Q 经理：MY 设备处经理

四、案例描述

➤ 初次接触，收集信息，建立关系

我负责属华东的江东省。华东从事防爆设备的知名企业较多，市场恐怕已经被瓜分殆尽，要想在此分一杯羹，众所周知，一个字：难！做业务前我打听了公司的相关人员，得知上一年度公司在该地区的业务为零。

我是老牛变牛犊。俗话说，"初生牛犊不怕虎"，经多方打听，使出浑身招数，再权衡比较，两家企业进入了视野：第一家，GT 公司，国有企业，从事特种化工生产；第二家，MY 公司，是家民营公司，又是港商投资，从事药品原药生产。

➤ 深度接触

GT 是我通过朋友介绍，认识了其总公司一位没实权的领导，该领导让我去找 GT 一位也没什么实权的 F 总。F 总比较热情，给我引荐了公司所有有关领导，并叮嘱把自己的来历讲模糊点，让 GT 觉得我很神秘。可事情的发展却出人意料，采购经理介绍我拜见 GT 一把手 L 总时，L 总客气地接过我的名片，"NH 防爆，我有印象，当年我在当车间主任时，买了 4 台 NH 防爆空调，有问题，叫你们来维修，你们就是不肯来，现在才来啊！"我有些蒙了，说等公司对该事做出解释后再来拜会领导。采购经理在我走前招待了我，喝了些酒，谈话间表露的意思就是说给总部领导面子，GT 一般不接待业务员，我有些僵，糊涂地完成了第一次拜访。

MY 是我从网上搜来的，信息较模糊，也许运气不差，还拿到了一位副总 H 总的电话，我死皮赖脸地一定要拜会他，也许是他一时心血来潮，竟答应了我的拜访。

H 总看到我的名片后，"我不和河阳人打交道啊！"

"H 总，我是江东人啊，再说河阳人多，好人多，按比例算，坏人也不少，您肯定是吃过河阳坏人的亏！您放心！我们做防爆的，工作中有一丝马虎，就走不到现在啊！NH 防爆是国内知名企业啊！我本人是江东省机电类招标评审专家库专家，您还信不过吗？"我赔着笑脸说。

"不聊河阳，聊点别的。"他给我倒了一杯茶，"这是上好的茶叶，朋友送的"。"H 总，您办公室真气派，像艺术家的办公室。"H 总露出了微笑，和我打开了话匣子，谈话中，流露出他欣赏玉雕。我记在心中。临走时，H 总说，你换个品牌做做。我说，做防爆，我国河阳最好，在河阳，NH 最好！和您老家省防爆企业比，就是缺了些市场营销的思路。H 总说："好走，不送。"于是，就结束了这次访问。

➤ 内部支持，团队协作

我把工作中遇到的困难汇报给了公司，那就是 GT 对我司以前的业务有怨言，且我本人关系处理不清晰；MY 领导对河阳人有偏见，其人追求高雅艺术，难以亲近，且不是公司老板，我也不清楚他有多大的发言权，看来我要做成业务，还是那个字：难！我的第一个客户，您在哪里？

公司销售总监方总没几天就以考评我的销售工作能力的名义来视察我的辖区，同时也是来帮助我提高业务能力的。在 MY，方总要我送 H 总一个其带来的手把件，当我拿出礼品时，H 总用手掂量了一下，放在桌上。"河阳那边的特产，雕工还行吧，只是材质不佳，送给您家中老人晨练把玩吧！"方总交待，礼品以我名义送，因为把件没上档次，要表明，我按方总的意思讲了这句话。H 总打电话让设备处领导 Q 经理带我俩去公司生产现场看了设备，并说可能引进新的防爆设备供应商；随后到 GT，方总特地领我拜访了一把手 L 总，给了 9 年前 GT 对我司有怨言的那件事一个解释，方总代表 NH 公司向 GT 道歉！哎！9 年前，方总刚到 NH 工作，还是个业务员，我那时还不知 NH 公司在何方，真是一家公司一条船，只要在行驶，一定会留下航迹！上了这条船，就是船上人，就得说船话。

➤ 样机试用

5 个月了，我还没有找到客户，也没有订单，好在公司宽宏大量，给我继续努力的机会。其间晚上多次在公司外等 MY 的 H 总，想请他私下喝茶聊天，但均没有等到他。多次和 GT 采购经理碰头交流，采购经理只是表示其有防爆设备需求，但因历史原因，我 NH 公司要按其新客户的程序，先拿一批样机到 GT 运行，看看效果如何，我将这个要求报告给 NH，公司客勤说从来没碰到过，不订合同，没有协议，拿一批货去客户那，公司只做过送样机一两台去试运行，幸运的是，方总批了，我看到了订单的曙光。

6 个月了，我还没有订单，MY 那里我已不奢望什么，GT 对那批样机提出了改进要求，并要求再送更大一批次样机去试运行，不订合同，NH 公司答应了，其间同事们也在默默地支持我。

第 7 个月，我还是没有订单，GT 通知再增加样机数量，并从朋友那得知整批次的货物，GT 已另选他人，我受打击不小，没敢报告给 NH 公司，可公司还是同意再次增加赠送样机的数量，这时样机数量已达 43 台，我也不知值多少钱。考虑不了这么多，反正我是赔不起。其间我走在拜访客户的路上，皮鞋底毫无先兆地掉落，好在客户没有看见，搞得我狼狈得很；其间听新闻，某市工厂发生粉尘爆炸，死伤多人，我心里想，防爆设备还是很重要的。

> 签订合同

第 7 个月的 22 日，这一天我印象很深，MY 公司设备处 Q 经理打来电话，要求我去一趟，我一去才得知，政府安检局要求其进行设备改造，我终于有订单了！这一年 12 月 28 日，GT 和 NH 公司签了 43 台样机的订单合同，并一次性付了全款，样机在那里运行半年，运转良好。

我到现在还不知道，MY 和 GT，哪家是我的第一个客户？但我知道，只要在奔走，就有收获。

五、案例分析

这个案例中的销售人员历经 7 个月才得到第一个客户订单，时间不可谓不长。这其中给我们几点启示：

（1）做销售，年龄不是问题，心态和信念最重要。

（2）勤能补拙，这是销售成功的不二法则。

（3）现在的销售工作不是一个人就能做好的，需要充分利用团队的力量。

六、案例延伸

新销售人员一般都急于搞定客户，成功签单。但是往往会陷入一些误区。以下是销售工作中常见的工作误区：

（1）急于拿到合同，胡乱答应客户的苛刻条件。

（2）事先不给自己留有余地，事后向公司讨价还价。

（3）销售人员未经请示，就超越权限答应客户提出的条件。

（4）合同不仔细审核，就草草签字。

（5）对合同签订人的资格不加审核，公章没有审定，给企业带来风险。

（6）对可能存在的合同风险未加评估，导致货款或质保金难以收回。

总结起来有三方面的问题会造成签单风险：

（1）急功近利，事与愿违。

有的业务人员签订合同时，有一种急功近利的思想在作祟，签订合同非常急迫，上午拿来下午就签。还有的当场拿来当场签，赶时间、抢速度，把合同看作机不可失、时不再来，好像签晚了就捞不到利益似的。也有的明知道合同存在对自己不利的条款也要去签，结果签下了许多吃亏合同，风险一边倒。签订合同有急功近利的思想，很容易导致风险产生。

（2）草率签约，后患无穷。

许多业务人员签订合同时表现得非常草率，对合同不看不审就直接签约。有的即便是看了也不加修改，人家写什么就签什么，贸然签订，忽视了合同风险的存在和可能会承担的法律责任。

如此签订合同，就会不可避免地产生隐患。草率签约在个别人员中表现相对突出，有的营销领导或业务人员，霸气十足，说一不二，在合同存在很大问题的情况下，要求合同员在几小时之内把合同搞定，否则就如何如何，弄得合同员毫无办法，不得不疲于应付。这种草率签约的态度，是导致合同风险产生的重要原因之一。

（3）糊涂签约，招惹是非。

有的业务人员签订合同时，不管三七二十一，糊里糊涂就签完了。合同签订后，合同都规定了哪些内容，一概不知，结果产生许多是非，为双方纠纷埋下了隐患。

第三节 经典案例分享：巧用优势，促进回款

一、案例前言

在工业品企业的销售过程中，并不一定是签了合同就等于把业务做好了。最关键的是应收账款要及时收回。否则，卖出越多，风险就越大，还有可能导致坏账越惨。以下这个案例，教你如何运用自身优势，不仅把业务做好，还把应收账

款顺利收回。

二、案例背景

RX 公司是一家工业自动化企业，该企业长期以来有两个重要的供应商：一家是我们公司，另一家是竞争对手 NL 科技。并且我们这两家公司长期与客户进行深度接触。不过，近期由于 RX 公司的经营问题，其自身资金周转出现一点问题，直接导致我们与竞争对手之间的变数。

三、组织架构

主要决策人：RX 大老板

关键决策者：Z 副总

工程师：小 Y，我方的教练

四、案例描述

➤ 信息收集

RX 是一家工业自动化企业，该企业一直在用我们公司的产品和竞争对手 NL 科技的产品，且份额占比我司为 30%，NL 科技为 40%。

此时，NL 科技业务员 J 因账期到期，开始催款，且态度强硬，导致 Z 总杨总与 NL 科技业务员 J 产生了一些冲突。我们的信息均是从教练工程师小 Y 处了解的，工程师小 Y 在厂工作多年与 Z 副总关系很好。从教练小 Y 处了解到客户与竞争对手起了冲突，且 Z 副总有想换掉 NL 科技的想法。

➤ 深度接触

于是，我们及时安排拜访 Z 副总，并利用业余时间邀请 Z 副总进行娱乐活动，并询问一些额外的话题，当然不会直接询问公司的经营状况，只问产品需要什么创新或技术支持。

等到酒喝到位时，Z 副总主动透露要换掉 NL 科技的想法，但也向我们透露出肯定不会全用我们的产品，只会占 60%份额。我也未着急表达我想扩大在他们公司的市场份额的愿望。后回到公司跟领导研究后，并通过工程师小 Y 了解到，

RX 公司大老板一直有资金，但就是想拖供应商的钱，实现利益的最大化。

➤ 商务谈判

经过一段时间的分析后，我找到 Z 副总，并对他说，如果他全用我司产品，我们可以延长账期，并适当修改价格（新进来产品弥补了老产品价格降低的损失）。

最终 Z 副总决定全用我司产品，我们顺利成了 RX 公司的独家供应商。

➤ 善用优势，成功回款

然而，账期到达后，RX 公司仍有拖款的现象。但是，我们并不傻，我们使用自己独家供货的优势，限量发货，让客户承诺回款，而且我们的业务员把催款推到公司财务身上，最终我们让 RX 公司顺利及时付款。

最后，我们在 RX 公司的销售额增加了 40%，同时根据客户的反应，及时调整松紧政策，达到及时回款的目的。

五、案例分析

事实告诉我们，大部分的客户与你签合同是一回事，给你付钱又是一回事。有效地回收应收账款，才是企业业务成功的关键。被客户拖死在应收账款上的企业很多，我们已经学会及时回收应收账款，避免坏账出现。

六、案例延伸

以下是一些工业品企业销售过程中常用的几种收款技巧。

1. 巧借外力

即在收款工作中借助及利用第三者的力量，进行应收账款的回收工作，可采取的方法是多方面的，可以借助政策、借助形势、借助行政力量、借助舆论宣传、借助情报、借助人情，如利用负责人的配偶、好友、亲属、下属或者客户的力量。通过借助和利用这些力量来达到收款的目的。

2. 以诚感化

即在收款工作中通过真诚的举动和行为，感化债务人从而达到收款的目的。

3. 死缠烂打

即"黏"住不放的方法，对某些总是想方设法不还钱的客户，讨债人一定要有不达目的誓不罢休的精神，通过软磨硬泡进行贴身收款，迫使客户进行回款。

4. 投其所好

通过找到对方的兴趣和爱好，并利用对方的兴趣和爱好，投其所好使对方高兴地结款。

5. 旺季断货

在对方销售旺季生产量大原材料紧张时，通过对原料的停止供应迫使对方进行回款清账。

最后，在收款工作中收款的机巧还有很多，在这里只是列举出一些常用的技巧，目的是让在实际工作中的讨债人员能够 "窥一斑而见全豹"，能够在实际收账的工作中举一反三，很好地运用并进行总结，从而提高讨债的效率。

|第十二章|

"葵花宝典"之十一：关系维护

> **引言**：加强日常的拜访，做好内外部的协调工作，关注客户的发展动态，做好风险评估，平衡客户内部各部门的关系，组织公司的资源，做好必要的商务活动，为增量或后续项目的衍生做很好的铺垫。

第一节 经典案例分享：永不放弃，合作共赢

一、案例前言

业务员，为什么你总是搞不定客户？为什么你总是抓不住机会？为什么你总是成不了单？因为你缺少"坚持""灵敏的嗅觉""合作共赢"。

下面就是坚持不服输、坚持寻找项目的突破口、坚持为客户着想，最终与客户合作共赢的案例。

二、案例背景

钢渣立磨项目是 G 公司为了将炼铁所产生的废渣回收再利用开设的项目。此项目引进新设备投资上千万元，但是投资回报率很高，预计 1 年内就能收回成本。对此项目，G 公司高层非常重视。

我们是通过设备制造商了解到该项目的基本情况，初次采购特种油品的数量在 100 桶以上。客户已经认证了两个国际品牌的产品：M 品牌和 Y 品牌，而我司 Y 品牌是在中国区的总代理。

三、组织架构

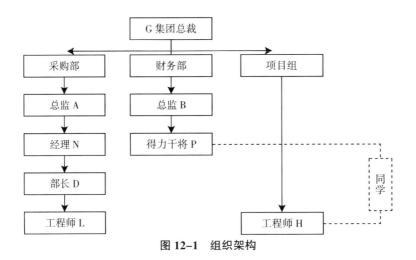

图 12-1　组织架构

四、案例描述

➤ 初次接触，收集信息，建立关系

9 月，我司技术服务部提供了该项目的信息。接到信息的当天，我就率领团队和 G 公司项目部工程师 H 取得联系并预约拜访。这是我们与 G 公司的首次接洽，到现场后与工程师 H 做商务沟通，并下到厂区拜访各部门老员工，重点了解公司组织架构、项目进度、人物背景关系等重要信息。

据了解 G 钢铁公司为私营企业，总裁长期在国外，而公司重要负责人均与总裁是亲属关系。负责这个项目的采购部总监 A 和财务部总监 B 与总裁关系最为亲密，而这两位部门一把手在公司内部都安插了自己的人员及眼线，他们互相牵制，互相监督。工程师 H 负责此项目中的备品备件，而财务部总监 B 的得力干将 P 与 H 是同学，私人关系很亲密。工程师 H 已经按照设备产品说明书，将符合要求的 M 牌和 Y 牌的油品型号和用量提交给采购工程师 L。此项目预计在 9 月底前完工，然后开机调试。

➤ 项目评估，前路迷茫

我们立即和采购部工程师 L 取得联系，他确认收到了项目部提交的油品采购计划。但 L 工程师告诉我们，他们已经在一个星期以前和我们的竞争对手 M 品牌签订了采购合同，而且货款已经打到对方账户中。M 品牌公司已经安排备货，下一步就要将货品送去现场。这个出人意料的消息让我们团队有些发懵。

经过深入沟通后我们了解到，M 品牌和 G 公司合作多年，每年与 G 公司的生意往来有上千万元，在 G 公司也积攒了很多的人脉，因此 M 公司较早就拿到了项目的信息开始进行报价和公关。

面对这样的局面，我们团队都感到孤立无援，不知道下一步该怎么做。

➤ 深度接触，寻找突破

我和搭档都很失落，是放弃还是继续跟进？深夜我们整合了信息整理思路：不能放弃！要坚持，我们一定能找到解决方法。

第二天我们又来到 G 公司，和采购部长 D 确认之前得到的信息是否准确。令我们失望的是，这次得到的答案和采购部工程师 L 给的信息一致：合同已签订，货款已打到对方账户，正等待送货。

我们又去了项目部，从工程师 H 处得到设备说明书，我们反复阅读设备说明书，将关于产品的相关信息再次进行确认，发现了一个重要的问题。在产品说明书中，有一款油品用量最大，占整个采购量的 80%。设备说明书中明确标明此部位，合成油和半合成油都能用，并且效果没有差别。我们知道这两种油品的价格相差 4~5 倍，而且合成油的利润也比半合成油的利润高很多。竞争对手在供应商只有一家的情况下，一定会建议客户买贵的合成油。我们马上意识到这是我们的突破口，随后，我们立即与采购部进行确认。确认结果证明我们所掌握的信息和我们的分析是准确的。

➢ 打点突破，峰回路转

通过对比，我们发现采购合成油的费用大概为 200 万元，而采购半合成油的费用仅为 100 万元左右。我们找到项目工程师 H，本着与企业共赢的原则将我们所提供的油品性能、优势一一详细阐述，在达到同样效果的前提下，着重对比我们与竞争对手的产品价格优势。工程师 H 将我们提供的方案交给了财务部的老同学 P，问题直接反映给财务总监 B，很快得到相关人员的响应，说需要将此事调查清楚，并且在不违背公司原则的情况下，协助我们拿下订单。通过内部渠道，我们很快就知道了竞争对手的价格，根据对手的价格，我们做了一份我们的报价单，两个报价整整相差 100 万元！

➢ 商务谈判，最终赢家

我们来到采购部，直接找到采购部经理 N。明确指出设备说明书中指定了两家品牌的油品，而采购部工程师 L 并没有公开比价，直接订购 M 品牌的油品，在达到同样设备要求的前提下，我们所提供的产品价格和 M 品牌油品的报价相差 100 万元。言谈中暗示集团高层已知道此事，为了帮他尽快把事情解决，我们愿意协助做后续工作。N 经理很快召集部门会议，并让我们在休息室等候。商讨结果，决定让我们立即报价，我们的报价单在 5 分钟内就传真到了客户的办公室，经过他们的详细比对，果真相差 100 多万元。

➢ 签订合同，批量供货

采购部也了解到财务部 B 老总好像也很关注此事。他们希望尽快解决这个麻烦，所以派出采购部 D 部长出面与我们商谈，D 部长很快就答应了我们的诉求，只要不把这件事情扩大化，会尽快和我们签合同送货，我们的竞争对手 M 品牌，已经收到货款，他们很不甘心被我们淘汰出局，做出了拒不退还货款的举动。最后经过多次协商，我们供一部分货品，竞争对手供一部分货品。

➢ 客户服务

我们虽然没有拿下这次项目的全部订单，但我们本着合作共赢的原则，帮助采购部解决了这次麻烦，建立了友谊。而竞争对手在关键时刻不顾客户利益，拒不退款，在后期与我们的竞争中彻底退出了。

五、案例分析

事情到这里已经可以结束了。其实企业间的竞争是常态，客户需要的不仅是好产品，更需要合作共赢的好局面。

这个案例给我们三点启发：

（1）事情没有到最后一步，一定不要轻言放弃。

（2）只要有耐心，合作契机总会出现，胆大心细就可以找到突破口。

（3）优秀的销售人员一定会细水长流，建立合作共赢的局面。

销售业务人员不仅坚持做到了以上三点，在项目初期落后于对手，局面不利的情况下，坚持与客户交流，以客户的利益作为最终抓住竞争对手的弱点，成功突破。

六、案例延伸

教练在我们的业务推进中占据十分重要的地位。搞定教练要从公司利益、个人利益、差异化的人情三方面来逐个突破。我们俗称"三板斧"，分别是：

（一）公司利益的满足是基础

（1）这是一个销售活动的基础。

（2）公司层面考虑的主要是满足生产需要。

（3）我们作为供应商需要整体把握销售方案，保证质量，兑现服务项目，控制意外事件。

（二）个人利益的满足是重点

（1）客户个人利益包括个人在公司内部得到的重视或者升迁。

（2）某些个人公司外部的名气或者方便。

（3）当事人之外的周围关系人的某些层面的利益。

（4）其他表现形式的利益等。

（三）差异化人情的满足是点缀

（1）差异化人情就是，在满足企业、客户利益的全部过程中，体现出来的与众不同的人情味，也就是你比竞争对手更加了解客户的内在需求。

（2）客户的内在需求是关键：也就是你比竞争对手更加职业化，或者更加了解客户隐含的信息，或者你更懂得客户内心的想法。

（3）原则：了解客户的内在需求是关键中的关键！

第二节 经典案例分享：维护不力，关系恶化

一、案例前言

通常来说，我们会将客户分为重点客户与非重点客户。对于重点客户，我们不仅要在售前进行充分的交流和接触，让其对我方产生兴趣及倾向，而且在成单之后，还要持续对重点客户进行维护，保证其持续的倾向性。如未能将双方的关系带入更深层面，则在后续的合作中就会存在潜在的风险。

下面的案例就是未能在成单后进行持续的关系维护，与客户的关系一般化，导致双方关系恶化，后期合作基本无望。

二、案例背景

这个项目的客户是 G 省某高速公路 TS 标项目部，是我司的重点客户。我司负责供应该项目的阻尼支座，合同金额 200 余万元。项目业主为 G 省高速开发有限公司，检测单位为 G 省某检测技术公司。

该项目支座供应链中由我司和衡水宝力一同进行供货，其中宝力公司的支座胶料较为硬质，受压变形不明显，且受压变形后顶起梁端回弹速度快。

三、组织架构

客户公司：G 省某高速公路 TS 标项目部
业主：G 省高速公路开发有限公司
检测单位：G 省某检测技术公司

四、案例描述

> 收集信息

2015年1月23日，我司接到该项目反馈我司支座受压变形问题，1月25日第一次到现场进行处理。我司判断为项目施工造成的支座偏压，但项目部不予接受，双方协商后达成等检测报告出来后，依据报告再进行逐一排查处理。其后多次询问项目部该报告情况均以未出具为理由拖延。实际上，客户隐瞒了报告出具的时间，报告于2015年2月2日已出具。

4月1日，我司接到项目部通知将于4月15日进行第二次复检，约定在检测前至项目部与检测方一同检测。4月5日项目部发函要求我司尽快安排人现场处理，并要求6日内将需更换的62套支座送到项目部，且承担更换费用，否则将承担100多万元的经济损失并将我司列入公司供应商黑名单。4月7日第二次到达项目部进行沟通，表明我司立场及对现场情况进行了说明回复，同时向公司进行了汇报。

> 深度交流

4月9日，公司副总、业务经理先与ZT公司的某位领导进行沟通，致使项目部态度明显好转。

4月10日，公司副总、技术副总工及业务经理至项目部进行沟通，再次明确我方立场：如确为产品质量问题则承担相应责任，我方应与项目部立场一致，都是为了顺利通过检测。项目部表示业主并未书面发函要求必须更换，但复检不通过则会罚款，并且业主要求必须执行。其后测量了部分支座，受压变形值小于规范允许值，与项目部沟通，我方在复检时负责与检测单位及业主进行支座相关的技术沟通，并协同项目部一同做好支座复检时的影像资料，以确保最终通过检测。

> 现场施工与沟通

4月15日，检测开始，项目部尽量避免我司与检测方进行沟通，最终与检测方取得沟通后，检测方表示对出现鼓包的支座进行更换是业主的要求，与其沟通没有用。同时，项目部表示不希望我方与业主直接交涉，还要求我们必须先对支座进行更换。其后，Y总及N总抵达项目部再次进行沟通，与项目部总工达成协议：优先完成业主要求更换的支座，对更换情况进行记录并跟进，在更换完成后，再与业主进行沟通，证明支座情况良好。

7月22日更换支座4件，在现场进行记录，发现原来的垫石预留孔位置与支座螺栓孔位偏离较大，支座仅安装了套筒，未按照要求安装锚固螺栓。同时，浇筑混凝土调平层时未采用流动砂浆，垫石预留孔及支座底部均为中空；部分套筒用手晃动后就可以取出；支座和墩身锚固不牢靠。更换支座采用取出支座后在垫石上覆盖一层水泥，人工抹平（不抄水平），待凝固后将更换的支座放置于垫石上，不进行任何锚固，仅靠桥梁自重及摩擦力进行固定，存在较大的施工隐患。

与项目部副经理进行沟通后，获知对方对此情况知悉。对方表示，该梁为连续梁且有固结墩，已成体系不存在风险。同时明确表示，即便存在风险，项目部也无力进行调整，仅能按照现有情况进行整改。同时项目副经理明确提出要求这件事止步于此，不希望在任何对公对私的文件中出现该情况的说明。并且不希望我方再参与支座的更换，也不希望我方与业主进行沟通。

其后，通过对现场操作人员关于隐瞒项目部对支座进行更换情况进行图片资料等的采集，并将上述情况对项目部进行发函处理，表明我司立场。项目部拒不接收。我们考虑到与客户的关系，未将此事对其他单位汇报，而是通过私人关系取得项目经理邮箱的方式发送了函件。

该项目于2015年10月1日通车，由于支座更换及函件原因，已与项目部关系僵化。后期将回函及现场情况告知业务经理，由业务经理对项目进行回款等。

> 最终客户反馈

（1）针对我司对支座使用情况的说明，项目部不予接受。主要是因为业主意见强硬必须更换。在技术使用方面沟通无果。

（2）针对我司提供更换支座未影响项目交验，项目部无意见。也表明我司积极配合桥梁交验的态度。

（3）针对我司对支座更换时的资料采集及回函，项目部反应较大，明确表示不再欢迎我司人员到施工现场及项目部，对我司持有资料意见较大。我司表示仅对项目部履行告知义务，并全力配合。项目部在此情况下，依然不予接受。

五、案例分析

本案例中，虽然我方的配合是积极的，也将客户反映的情况进行了很好的处理，但是销售人员采取了一般的"公对公"的方式对客户提出的问题进行反馈，忽视了对方的反应，也未能充分与客户沟通交流，与客户的关系停留在一般认识的状态未能深入，因此未能成功将其对我方的态度进行转变，甚至双方的关系一度僵化。

这种情况，对双方的后期合作产生了很大的负面效果，后期合作堪忧。

六、案例延伸

因此，对待对我司认同度不够高的客户，我们必须要提出应对的策略：

（一）对公司认知度低，等同于国内一般企业的应对策略

（1）做深度企业介绍，展示同行业配套情况，影响客户的认知。

（2）邀请客户考察相关基地、技术中心等，展示企业规模。

（3）举行技术交流、推荐新产品等活动，展示企业的技术研发实力。

（4）通过大型展会、行业协会、终端客户及政府部门推荐，提升客户的认知。

（5）通过产品使用情况、同行业技术对比等数据，体现产品品质。

（6）加大"深度接触"的范围，获得更多人的认同与支持。

（二）与关键人士关系不深入的应对策略

（1）通过同级别、同专业人员的走访交流，建立相互关系。

（2）通过多种渠道，了解关键人士的兴趣爱好及需求，进行针对性的攻关。

（3）通过节日活动、生日祝福、红白喜事等，让客户感动，赢得支持。

（4）通过其朋友、部属、身边人的沟通交流，间接影响关键人。

（5）聘请关键人士担当顾问。

（6）持续给客户邮寄贺卡，发送关怀短信等，增进好感。

（三）竞争对手围墙高，反对力量大的应对策略

（1）通过多种渠道，了解反对者与竞争对手的关系。

（2）分析竞品的优劣势，进行差异化宣传。

（3）巩固支持者、团结中立者、弱化反对者。

（4）通过高层或终端客户，影响反对者。

（5）根据反对者的需求，进行商务攻关。

第三节　经典案例分享：完善服务，双方满足

一、案例前言

通常，我们将与客户签订合同作为一个项目的终点，但实际上，对于售后服务，客户关系维护来说，这才是起点。我们不仅在售前要与客户进行充分的交流和接触，让其对我方产生倾向及达成订单，而且在成单后，还要对客户及客户重点任务进行持续维护，保证其持续的倾向性，以便我方能持续获得订单。如未能将双方的关系带入更深的层面，则在后续的合作中就会存在潜在的风险。

二、案例背景

某高速全线 8 个标段，项目业主是 F 省 Z 市高速开发公司，我司供货其中 5、6、7 三个标段，分属三个项目部。自 2013 年 8 月起陆续签订供货合同。检测单位是 F 省交通检测公司。

该项目是 F 省内首次出现检测时发现如此大比例的支座起鼓现象，该问题受到 F 省质监局及 F 省内各在建高速公路的关注。

三、组织架构

客户单位：项目施工方项目部
业主单位：F 省 Z 市高速开发公司
检测单位：F 省交通检测公司

四、案例描述

➤ 信息收集

5月中旬，我司接到客户项目部对橡胶支座起鼓问题的反馈。5月26日，我司就支座鼓包问题与业主及项目部进行沟通，并提供Y省某大桥关于支座鼓包问题专家论证会的会议纪要。我司专业人员经过报告会向业主及项目部说明支座使用情况及相关规范。其后由业主表态，要求将使用中鼓包情况明显的支座进行抽样送检，包括力学及破坏实验。

这部分支座，在三个标段均有出现，主要集中在两大型号上，共计24根。

➤ 抽样试验

6月14日根据业主安排进行支座取样，并由业主方、项目部、总监办、厂家四方共同确认后，对支座封存。随后进行送检实验，8月5日送检结束，数据显示检测报告为合格。

8月26日我司相关同事至该高速与交通检测公司的检测负责人一同对起鼓严重支座进行测量拍照，双方合作最终形成对我司有利的报告。

9月2日由我司领导，包括副总工营销副总在内，代表参与会议并同与会领导及专家进行交流。对支座起鼓现象达成共识，并形成会议纪要。

9月12日接到业主通知，将由交通检测公司负责人对支座情况进行复测量，其后积极安排技术人员配合工作，在复测时未见超出理论变形值支座。同期检测发现5块表面破损支座，并完成更换。

➤ 现今状况

9月中旬接到交通检测公司负责人告知，省质监局要求对支座起鼓梁做全检记录，并对超出理论测算值的支座进行更换。由于操作难度大、周期长、误差大等因素，交通检测公司并不同意。我司表示可以协助交通检测公司一同进行并完善数据。

2015年9月该高速通车，由于质监局对于测量数据的不完整性及误差，对支座起鼓情况仍存在争议，但就目前情况无法进行测量工作，仅需保证在质保期内不出问题即可。

➤ 客户反馈

（1）前中期业主及项目部对我方态度、处理问题的效率均很满意，三方在早期形成良好的客户关系。我方三个标段以 5 标为代表，维护关系较好。可以尽早知道事件的内部动态及发展趋势。

（2）中后期由于 ST 公司处理事件人员变更为其技术副总工，我司主要联系人为客服专员。致使在会议召开前沟通力度不足，与相关部门领导沟通时均以 ST 公司为主，且部分决议上传下达效率较低。

（3）后期（会议后）业主方主要与我司副总工进行沟通，且由技术副总一直与设计院负责人、专家、业主进行高效沟通，完成会议要求。客户对我方态度满意。

五、案例分析

本案例充分反映了，销售客户维护对业务推进的重要性。由于前期，我方与业主及项目部形成良好关系，后期，我方采用高层对高层的公关方式，迅速高效地解决客户的问题，提升客户满意度。四方在合作过程中也都以解决事情为最终目标，没有推诿，积极协调，也得益于几方面的良好关系。

六、案例延伸

但是，有时候，决策人不认可我方或临时换人，怎么办？

（一）决策人不认可我们的应对策略

（1）了解客户不认可的原因，针对原因提出对策。

（2）通过各种途径展示我们的实力。

（3）深入了解决策人的相关情况（兴趣爱好等），做一件让他感动的事。

（4）通过外围关系影响决策人。

（5）抓住竞争对手的服务盲点，比竞争对手做得更好，赢得决策人的认同。

（6）不间断地进行宣传拜访，在有新产品、竞争对手失误时，及时抓住机会，展示我方实力，使决策人认可。

（二）决策人临时变更的应对策略

（1）多次拜访，提高拜访频率，获得决策人的信息。

（2）及时掌握客户信息，尽早与新决策人接触，通过各种宣传，使其对我们产生信任。

（3）请求伙伴帮忙提供新决策人信息，并做好及时对接。

（4）了解原决策人调动的原因，针对性地改善，获得新决策人倾向。

| 第十三章 |

"葵花宝典" 之十二：需求管理

> **引言：** 通过组团营销的手段，一方面做积极的商务公关，另一方面通过各种技术推广、技术引导、商务活动、样品试验、优化方案等方式，分析客户现有的产品结构或未来可能发展的新需求，结合现有公司的整体技术能力，制定出具体的需求分析表。

第一节　经典案例分享：组团营销，同签大单

一、案例前言

　　团队作战好过一个人埋头苦战，这句话说得一点都不错，特别是在我们工业品营销中。比如一位销售人员跟踪一个大项目，他做了前期的沟通拜访、商务公关等环节，但是在专业的技术交流环节中，他则无能为力，只有依靠团队的力量才能搞定。有时，在与高层接触时，也需要公司内部的高层出马，才能增强双方合作的可能性。

二、案例背景

2011 年，翡翠宾馆项目是 A 省兴建的大型政府项目，项目由六栋楼组成，总建筑面积约 5 万平方米，分成两期建设，我通过土建总包单位的一位朋友了解到此项目的具体信息，玻璃用量约为 11000 平方米，幕墙由国内有名的幕墙公司做方案设计。

主角是 AA 玻璃，竞争对手是 BB 玻璃，其他竞争对手是 YY 玻璃。

三、组织架构

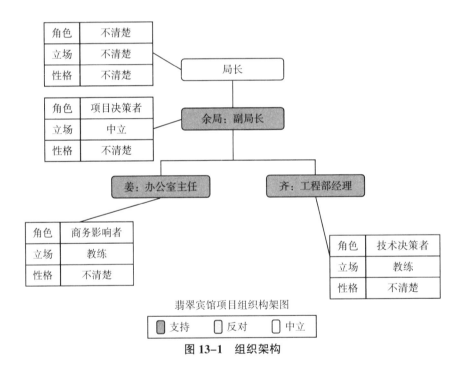

翡翠宾馆项目组织构架图

图 13-1　组织架构

四、案例描述

➤ 关系接触，发展教练

了解到项目信息之后，我们先想到了解项目小组的组织结构和项目小组成员。

本项目建设领导小组是临时性机构，人少事多。项目小组主要成员有项目建设领导小组副组长余局长、建设领导小组办公室主任姜主任、工程部齐部长，他们三个的年龄均是三十多岁，而且是一帮想干事，重视仕途的人。

接触项目之后，我就三天两头地往项目工地跑，逐渐地和项目小组的几位领导都熟悉了。尤其是齐部长，我发现他对 AA 品牌很信任，也非常希望通过这个项目提升自己在工作上的地位，于是我就确定把他发展为"教练"。

一次下班以后，我约他出去吃饭，他很爽快地就答应了。在席间我们谈得非常投缘，他说觉得我这个人比较诚恳、勤奋，希望能帮我拿下这个项目。齐部长还告诉我，该项目是省重点工程，领导指示一定要做成节能环保的典范，口号是"四节一环保"，这是他们选择玻璃的一个关键性的指标。同时，项目的工期也十分紧张，所以交货期也是选择玻璃品牌需要考虑的一个重要因素。我对齐部长说："你放心吧，我一定会帮你们选一款合适的产品，确保达到领导的要求。"通过这次交流，我成功地将齐部长发展为教练。

➢ 技术与服务突破

不久，齐部长给我打电话，说他们准备去考察幕墙厂家。我问他行程，他说要去深圳。于是，我就尽量说服他安排时间去我们公司看一下，我正好请我们的专家与各位考察团领导一起研究一下玻璃的选型方案，齐部长答应帮我协调参观考察的事情。

两天之后，齐部长来电话说行程已经安排好了，项目组的几位领导都去。

得到他们确切的行程安排之后，我就向公司领导做了汇报，从接待到考察再到技术交流都安排妥当。

一周以后，齐部长等人来到了深圳。到公司之后，公司指派技术专家黄博士进行接待，向他们重点推荐了我司的双银产品，该产品在性能指标方面正好符合上级领导提出的"四节一环保"要求，这个建议得到了客户项目小组几个人的一致认同。

他们回去之后，我又请公司的技术人员做了一份《玻璃选配的建议书》，专门把玻璃选配的一些原则和注意事项做了说明。

这几件事情之后，项目小组对我们的服务和技术专业度十分满意，后来把幕墙设计图纸都交给我们公司，让我们审查玻璃选配的合理性。

招标之前，齐部长在幕墙招标文件中把玻璃的品牌锁定为 AA 和 BB。技术与服务突破阶段的目标成功实现。

➤ 节外生枝　痛失一期订单

很快，幕墙招标有了结果，BY 企业低价中标。

过去，BY 企业同 AA 的关系一直很不好，他们在项目上一般都会坚决反对使用 AA 产品，而极力推荐 YY 品牌。

这次仍然如此。他们主要在交货期上打击我司，说我们交货不及时，会影响工期等。但在样品封样时齐部长他们几个坚持说 AA 的一款玻璃比较符合设计要求，并且有设计师签字确认，不能改动。

没有办法，幕墙公司项目经理又回来找我谈价格、交货期等问题，除交货期要倒排出来外，其他条款都谈好了，公司决定由天津工厂负责生产。

幕墙公司一再发传真要求明确交货周期，可公司到周四才回复，说不能做。这时幕墙公司就以我司不能满足交货期为由同 YY 签了合同，业主这时也没有办法了。

➤ 二期合同签订

这时二期工程也启动了，齐部长向我讲了幕墙招标文件中玻璃还是 AA 和 BB，没有把 YY 放进去，这次应该问题不大，但你们的交货期问题一定要解决。

二期幕墙 GB 幕墙中标，此公司此前没有同 AA 有过直接的合作，所以没有反对用 AA 的产品。中标以后，齐部长以设计院上次签字的样片为由，在他们的幕墙合同中明确规定必须用 AA 的产品，这样我们顺利地同幕墙公司签下了二期的单子。

五、案例分析

这是一个非常经典的依靠内部组织营销完成的单子，在第一个环节中，当接到齐部长的电话，说他们准备去考察幕墙厂家时，我们安排了技术专家黄博士接待，并向他们推荐了我们的产品，后期还请技术人员做了一份《玻璃选配的建议书》，专门把玻璃选配的一些原则和注意事项做了说明。项目小组对我们的服务和技术专业度十分满意，而且通过教练的帮助，基本上单子非我们莫属了，但是因为我方的交货问题而最终放弃了。在第二次招标中，由于教练的帮忙，以及我们的技术与服务依旧获得客户方认可，从而我们获得签单。

六、案例延伸

从以上案例中我们可以发现，再次合作时我们应该向客户展示我方的哪些优势和价值？在给客户推荐新品时，应该注意哪些细节？

（一）再次合作，如何向客户展示我司新品的优势和价值？

（1）具有专业水准，对自身产品非常了解。

（2）对竞争对手产品的了解。

（3）根据对方的价值品味介绍产品。

（4）一开始就给对方最大的好处，如：能带给对方的利益与快乐；可以帮助到对方减少或避免麻烦与痛苦。在介绍产品的价值时一定要告知你的产品能给对方带来的好处。

（5）扩大产品可带来的快乐与可避免的痛苦。

（6）告诉对方可行性时，这里面有几个重要的句子：你感觉如何？你认为怎么样？依你之见会有什么样的结果？

（二）再次合作，向客户推荐我司新品，应当关注哪些主要环节？

1. 不贬低对手

（1）你所贬低的对手，有可能客户与对手有某些渊源，如现在正在使用对手的产品，他的朋友正在使用，或他认为对手的产品不错，当你贬低对手时，就等于在说他没眼光、正在犯错误，从而引起客户的反感。

（2）千万不要随便贬低你的竞争对手，特别是对手的市场份额或销售不错时。因为对方如果真的做得不好，又如何能成为你的竞争对手呢？你不切实际地贬低竞争对手，只会让客户觉得你不可信赖。

（3）一说到对手你就说别人不好，客户会认为你心虚或品德有问题。

2. 拿自己的三大优势与对手的三大弱点做客观比较

俗话说"货比三家"，任何一种货品都有自身的优缺点，在做产品介绍时，你要举出我方的三大强项与对方的三大弱项进行比较，即使同档次的产品被你这么客观地一比，高低就立即出现了。

3. 公司新品的独特卖点

独特卖点就是只有我们有，而竞争对手不具备的独特优势，正如每个人都有独特的个性一样，任何一种产品也会有自己的独特卖点，在介绍产品时突出并强调这些独特卖点的重要性，能为销售成功增加不少胜算。

第二节　经典案例分享：从哪里跌倒，从哪里爬起

一、案例前言

"失败乃成功之母"，这句话告诉我们成功是靠一次次失败的积累来实现的，"不经历风雨，怎么见彩虹"，没有经历失败和痛苦的磨炼，没有人会随随便便成功。以下案例也是如此，经历过第一次的失败，总结出失败的原因，从而取得胜利。

二、案例背景

某设备控股有限公司成立于 2005 年 7 月，是央企中国某集团公司从事钢铁资源开发的主要平台。在武汉有钢铁项目 6 个，分布在武汉的 4 个地区，钢铁量约 5000 万吨，还有 3 座炼钢厂。前期没有我公司业务人员跟踪，未产生业务，直至 2012 年 12 月才第一次参加招标。

因此，我在 2013 年上半年对某设备控股武汉分公司进行了比较详尽的了解及分析。

三、组织架构

业主方：H、J
采购部：D
技术部：Y
钢铁厂机电科：S

四、案例描述

> 信息收集

武汉分公司的设备采购为集团公司集中采购，下属钢铁厂无采购权，但具体的需求计划则由下属的钢铁厂提出。因此，我首先是去各个钢铁厂了解年度设备计划。

各厂的年度计划在机电科长那就可以了解到，前提是要建立足够熟的人际关系，有时间就去矿上找他们聊天，很快就了解到 Q 厂、T 厂、W 厂的年度设备计划。

> 项目立项

厂方年度设备计划获得后，将 BT 设备和 JM 设备摘出，逐条分析：是否能够入围招标（证件、技术等方面）、是否具有技术的领先性或技术亮点、投标价格方面是否具有优势。

由于公司 JM 设备方面的价格不具备竞争优势，因此以带式输送机为主进行项目跟进。

最后以 Q 厂的某型号 JM 为例进行项目过程描述，该项目的具体负责人为马经理。

> 深度接触

已明确具体招投标由副总 H 主抓商务，副总 J 主抓技术，采购部负责流程，技术部负责技术规格书的最后确定，钢铁厂机电科负责具体技术规格书的编制。

在搞清对方的采购流程后，马经理由于是技术出身，首先找到了钢铁厂机电科 S 科长，S 科长性格直爽，对马经理比较认可，对公司产品的质量和售后非常满意，因此沟通很融洽。最后的技术规格书及项目预算都是 DD 所出，因此在项目中已占到先机（技术规格书中未提及另外的一项配置：BT 设备机身交叉处的分向卸料装置）。

接下来找到采购部 D，D 做事情比较客观，他认为 D 参与肯定没有问题，产品不错，但是能控制成本就更好了。

至此马经理已经明白，技术部分已没有任何问题，因为方案本身就是由 D 拟定，最主要在商务部分，因此，怎样制定投标价格将是重中之重。

> 知己知彼方能百战不殆

根据以往的投标经验，主要的竞争对手为 TY、KKJ、UT、MMTY、KJ 及 QP。其中，TY 的价格最高，可将其不计入价格分析范围之内，QP 为小制造厂，可利用钢铁厂 S 科长的否决权排除他，马经理利用同学关系找到近一个月内 KKJ 公司的投标报价，根据选型推算出最终投标价格，利用上次竞标输给 MMTY 时对方的报价单推算出本次法人投标价格概算，剩下 UT 和 KJ，利用采购部 D 拿到过往这两家公司的投标标书推算大概的投标价格。

根据推算出的投标价格进行相应的报价策略。

> 高层公关

招标在即，马经理的工作非常顺利，不过在 D 处了解到副总 H 对 DD 公司不是很看好，且有些小意见。时间紧迫，马经理立即向公司领导汇报，安排公司领导拜访 H 副总。DD 公司原来与副总 J 有过合作，马经理了解到 J 副总不会在投标过程中设置障碍。

> 顺利中标

2014 年 7 月，正式拿到标书，并投标。共有 7 家厂家投标。

和预想的结果一致，QP 价格最低，由 S 科长提出意见首先淘汰 QP。DD 公司价格倒数第二，只比 MMTY 低 1 万元，最终中标。

五、案例分析

本案例中标的关键点之一：利用上次失败的经历，结合竞争对手的报价方案，推算出这次在竞标中给出合理的报价方案。关键点之二：在副总对我司产生疑问的时候，马经理紧急求助于公司高层领导进行拜访，解决副总对我们的疑虑，这样就等于扫清了障碍。关键点之三：在这个项目中，自始至终都得到 D 的相助，这样等于单子成功了一半。最终我方中标。

六、案例延伸

从以上案例中，我们可以延伸出以下知识体系：

（一）再次合作，创建再次销售有哪些具体策略？

创建再次销售通常有如下基本策略：

（1）通过业务联系人了解客户的年度经营计划，从客户的经营计划中发掘销售机会。

（2）客户有新项目可能使用到公司产品，立刻与新项目的负责人取得联系。并建立良好的关系。

（3）立刻筹建新的项目组，开始新一轮的项目运作。

（4）充分利用上一个项目中给客户建立的良好印象，向新项目相关负责人施加影响。

（5）利用建立起来的高层关系，取得客户高层的支持。

（二）提升专业度的四大基础

1. 熟悉所销售产品的细节，例如性能、技术要求、生产工艺、生产流程等

除了向本公司的技术人员请教，自己也要亲自到生产现场去看一看。对于甲方的采购人员来说，产品过硬是底线，产品不过硬最终他会"吃不了兜着走"，他是不敢冒这个风险的。产品是否过硬很大程度上取决于甲方采购者对业务员的印象。

2. 清楚产品价格的底线及可与客户的合作方式，直供还是渠道模式等

3. 搞清楚客户需要什么和何时需要，不可盲目推销

如果客户暂时不需要，也可以继续保持联络。对工业品，只要对方有在用或有可能用，就有机会打进去，成交只是一个时间问题。对有的大客户，你必须有"磨三五年"的心理准备，不能急功近利没有耐心。

4. 给人一种"虽然你不是老板但你是代替老板来谈"的感觉

很多公司业务员名片上的职衔就是业务员或业务代表之类，跟客户的高级人员或老板谈，对方肯定会怀疑你做不了主，所以，你可以在名片上印上"业务经理"之类的，当然，首先你得专业，得让人觉得你像个经理或副总。

对于自己不了解或决定不了的问题，不要说要问谁问谁，那客户肯定知道你做不了主。你可以说"我要研究一下"或"我要考虑一下"之类的话语，再给他定一个回复时间。当然，到了回复时间你一定要回复，很多业务员往往喜欢拖延，明明说是某天回复，到期了却无动于衷或忘记了，又或者以为客户也不记得或不在意，殊不知客户记得比你还清楚！

第三节　经典案例分享：上亿元项目轻松搞定，组团营销如此强大

一、案例前言

公司组织结构是否合理，对于公司的发展与生存起着至关重要的作用，建立适当的组织结构，可以使公司的各项业务活动顺利进行，可以减少矛盾与摩擦的产生，避免无休止的不必要的协调，才能提高公司的工作效率。有人曾这样说，公司组织结构的重要性仅次于公司最高领导人的挑选。对于各层管理人员来说，在一个结构设计良好的公司中工作，能保持较高的工作效率，并且能够充分显示其才能；而在一个结构紊乱，职责划分不明的公司工作，其工作绩效就很难保持在一个较高的状态。结果往往变成：由于职责不清，管理人员就无所适从，对公司产生失望乃至不满情绪，最终使公司效率低下，人员纷纷离开，甚至导致公司面临破产。以下案例就是运用了公司内部组织架构、分工明确等知识体系进行阐述。

二、案例背景

MQ 电厂是集团公司为已经建成的锅炉风机配套的电厂，项目预计投资 10 余亿元，一期一台机组，20 万千瓦的发电量。确定为公司大项目，此项目由销售人员负责。

三、组织架构

MQ 电厂筹备处有关人员：
筹备处主任：KK 先生
筹备处总工程师：YH 先生

筹备处机电部长：QUP 先生

筹备处采购部长：PP 先生

筹备处机电技术员：XV 先生

MQ 电厂项目的施工方：

TR 公司：负责变电站、主机房等主要部位的机电安装

LO 公司：负责辅助工程的机电安装

XZ 公司：负责土建工程（没有业务来往）

四、案例描述

➤ 多次上门拜访

MQ 电厂前期筹备时公司经理带领销售员前去拜访，做了认识了解，后来销售员多次拜访，经理也去过几次，对 MQ 电厂筹备处相关人员已经相当熟悉。

➤ 技术交流，深度接触

项目进行到一定程度，电线已经设计出来，这时的主要工作是跟进机电部长 QUP 先生和机电技术员 XV 先生，对所有的电线清册进行整理分类，由于电线规格品种较多，并不是所有的电线都能生产，所以这时销售员也要对电线清册有所了解，把我们公司的主导产品单独分类，为以后的招投标工作做准备。

电线清单分类完毕后，销售员提前拿到清单，预计我司能拿到的合同金额。

➤ 高层互动，获得认同

销售员与机电部长 QUP 先生、采购部长 PP 先生、机电技术员 XV 先生多次交流电线采购办法，向着有利于我司的办法推进，其中公司经理多次与筹备处各领导以各种方式交流。

➤ 招标公司议标

经过公司经理与销售员的多方努力，筹备处最终同意我司的主导产品为甲供材料，不再公开招标，到招标公司议标，达到了我司的预期。

➤ 签订合同，顺利供货

合同签订后，与筹备处签订技术协议，销售员组织分批供货，货通过筹备处送到了 TR 公司和 LO 公司的工地，其中销售员多次与 TR 公司和 LO 公司的机安经理和机电技术员交流，全程跟进电线的安装调试，并实现电线从 TR 公司和 LO 公司顺利出库。

➤ 合同货款回收

合同执行完毕后，办理各类入库、出库手续，并跟进采购部长 PP 先生等各级领导签署付款确认单，办理货款。

五、案例分析

本案例的成功之处是内部组团营销共同完成的。从项目立项后，公司经理带领销售人员进行初步拜访与 MQ 电厂的人员相互沟通认识，在此过程中，销售人员对机电部长 QUP 先生和机电技术员 XV 先生进行深度沟通，针对所有的电线清册进行整理分类，为后期招标工作做准备。后期还与采购 PP 先生多次交流电线采购办法，其中公司经理也多次与筹备处各领导以各种方式交流，从而为后期成功招标打下了基础。

所以从这一点来看，成功的关键是依靠内部团结一致，分工明确，从而达到组织营销的最好效果。

六、案例延伸

相互踢皮球，究竟是谁的错？

终端用户：徐州煤矿集团采购部部长最近找到项目经理"吴强"告之柴油发动机质量有问题，希望尽快解决问题。

项目经理"吴强"根据龙工集团郑副总的指示先后与服务部、质量部、采购部、财务部进行联系，得到如下答复：

服务部："服务的问题不是最主要的，最主要的是质量问题。"

质量部："质量不是问题，主要是产品采购质量的问题。"

采购部："没有足够的资金，所以没有高质量的产品，找财务部。"

财务部："因为销售部回款不力，应收款占用了大量资金。"

问题绕了一圈，又回到"吴强"这里，可"吴强"也有话说："不就是这些问题，终端客户才不按期付款的呀！"

面临客户的抱怨，如果你是吴强，也会陷入困惑。

我们认为营销组织架构好比自然界的金刚石和石墨，金刚石非常结实，因为它的内部结构是相互耦合、相互支持、共为一体的，而其构成元素是非常廉价的碳，之所以能够变得强有力，是因为元素之间的相互作用，营销组织同样如此。

在企业的协作工作当中，我们应该明确各部门的主要职责，然后再进行标准化的作业流程。如果吴强的公司也是营销组织明确，就不会是如此结果。

|第十四章|

"葵花宝典"之十三：技术引导

> **引言**：通过技术交流、样品测试、产品推广与品牌宣传等方式，体现我司的整体实力，特别是确保技术方案，我司有明显的技术优势或让技术决策人对我司产生倾向性。

第一节　经典案例分享：再续前缘

一、案例前言

销售人员与客户的内部关系会随着关键人员的变动而发生断裂。面对客户方的新对接人，我们销售人员如何能与之"再续前缘"呢？

本案例就是面对新对接人如何保持销量并且上量的案例。

二、案例背景

某建材原料厂原有技术工程师离开，老板招聘了一名新工程师 Z 工来厂负责产品技术。我与该厂老板较熟，但在对手价格比我方低的时候，该厂老板会选用对手产品。

三、组织架构

D 总：客户的老板，我方销售与其较熟

Z 工：客户的新技术工程师

四、案例描述

> 关系维护

我在 D 总的引荐下，开始与 Z 工接触。开始 Z 工对我并不热情。我坚持不懈地与 Z 工交流。一次，聊天的时候，无意之间了解到 Z 工与我居然是老乡。我抓住这个老乡关系大打感情牌，Z 工对我方的排斥心理逐渐减少了。

我利用老乡的关系，请 Z 工吃饭及娱乐，Z 工都欣然前往。私下交流的过程中，Z 工流露出对目前工作收入现状的不满，我承诺若 Z 工能在产品销售方面协助我方工作，我方会给予回扣。

一次请 Z 工吃饭娱乐，说起老家的事情，他说准备把老家的房子重新翻盖新房。我就趁机说，盖新房啊，那是好事啊！钱够不够，不够我先帮你一下。新房盖好了请我喝酒就行！他点头答应了。

> 需求挖掘，技术引导

这之后，我们双方的关系更加融洽。我将我司产品的性价比优势做了详细介绍，并且提供了我司产品与竞争对手产品的测试对比数据，特别标注了我们的明显优势。通过 Z 工的关系，在老板面对对手产品的低价策略时，Z 工又配合我方成功地将老板的注意力转移到性价比及我方产品的优势上来，而避免了直接谈价格。

> 方案确认，持续合作

Z 工在后来我们沟通的时候说，老板已经问过他关于我方产品的事情，Z 工给老板做了详细的性能指标的解释。老板通过 Z 工的解释，加上我们的测试数据，确定了我们的产品确实比竞争对手的好。

最终确定以采购我司产品为主，并且确定了我司为核心供应商之一。

五、案例分析

企业人员流动性大，尤其是关键人的流动性大，这是困扰企业主的，也是困扰我们销售人员的一大难题。我方与关键人的关系在关键人离开后就会断裂，新来的关系是否融洽还未知。我们需要利用各种关系迅速打破僵局。

案例中，对于很重视老乡关系的国人来说，利用老乡关系作为突破口是一张好牌。这张好牌成功拉近了双方的距离，而且最终将我方确定为核心供应商，使销售量增加成为必然。

六、案例延伸

要想在现有客户处的销量增加，在关键人方面有两点很重要：其一，迅速找到链接关系的突破口至关重要，亲情牌、关系牌、爱好牌等；其二，与关键人的交流过程中要打组合牌，亲情牌不够，那就加上解决家人困难牌，再加上推动工作牌，这样一套组合牌，使关键人不仅在工作上顺利进行，在生活上也有一定的满足，解决关键人的难处，就解决了我方的销售难点。

第二节 经典案例分享：破镜重圆

一、案例前言

我们与客户的关系即使是多年积累下来的良好关系，也只是合作关系。稍有风吹草动就会破裂。因此，销售人员对待客户关系总是谨慎小心，倍加注意。

下面的案例，就是客户关系从好到坏，再重新建立客户信心的典型案例。

二、案例背景

某低压电器公司是某地发展较为迅速的家族式企业。我司创立以来，与该公司一直保持着良好的发展关系。无论是该公司老板还是技术工程师（老板的内弟L工）等都与我司保持着较为良好的合作伙伴关系。

但是到 2012 年，由于我司销售业务交接出现问题，未能及时对客户所产生的问题进行很好的解决，问题主要有两方面：一是当时客户采用我司产品出现质量问题未能及时解决；二是苏北某重点客户的部分产品的特殊价格被客户得知，使此客户对我司产生怀疑和不信任。

三、组织架构

C 总：客户的老板，以前双方关系很好

L 工：客户的技术工程师，老板内弟

S 工：另一重点客户的技术工程师，能力很强

四、案例描述

➢ 关系维护，需求挖掘

在 2013~2014 年的合作中，我们只占据了很少的份额，即使采用低价策略也一直很难打动客户。但是业务员依然不断地加强拜访，了解客户的动态，因为多年的合作关系，该客户的资金信誉是完全没有问题的。

由于客户是家族式企业，技术工程师 L 工是老板的内弟，属于"半路出家"，对于深层的技术并不十分了解，但非常乐于学习。所以我们每次拜访该客户，总是带上技术工程师与 L 工进行交流。一来二去，L 工答应我们可以拿一两支有特色的产品进行前期试用，只要产品性能突出，价格合理就可以使用，但是用量大的产品，他不能轻易更换。

但事实上，是 L 工，包括 C 总对我们产品的性能还是持怀疑态度。

➢ 引荐师傅，出现转机

2015 年底，我经过多方考虑打算引荐我在阳江区域的另一客户的 S 工与 C

总和 L 工认识，因为之前该老板一直对 S 工的技术水平非常欣赏。在我的积极推荐之下，C 总对我刮目相看。

➢ 积极引导，产品测试

通过 S 工的介绍和推荐，该老板终于答应可以试用一个项目，同时，我积极撮合两位工程师的关系，让 L 工从 S 工处所学甚多，也彻底改善了 L 工对我司的印象。

经过几次的送样，客户盲测的结果，我司产品质量、品质的稳定性等均能达到甚至超过客户的要求，这使刘工更加信任我司和我司产品。

➢ 高层公关，增加关怀

因为该客户是家族式企业，经过几年的发展，面临整体的竞争压力，对未来的发展也比较迷茫。在得知此情况后，我及时与公司沟通邀请客户参加上海电气展，并参观我们的工厂。年终，我司的市场调研活动中，我也积极撮合公司高层领导与客户老板座谈，谈企业的管理与未来的发展规划。

➢ 扩大份额，长期合作

2016 年初，C 总主动约我到其公司商谈今年的合作计划，2016 年将是崭新的一页，双方将达成更密切的合作关系，截至 2016 年 3 月客户已订货超过 200万元，初步达成今年计划。

五、案例分析

商业合作中的客户关系是很微妙的。本案例中，双方关系尽管经历多年的发展，但是由于我方产品及业务等方面的原因，导致双方合作急转直下。客户对我方已不再信任，这是销售中最可怕的事情，其间，销售人员与内部团队历经诸多困难，寻找重建关系的契机，那么 L 工的专业度不强就是突破口。

本案例对我们的启发在于：

其一，客户关系无论多好多长久，那只能说明过去我们做得很好，一定要心怀畏惧，时刻警惕有损客户关系的事情发生。

其二，在事情发生后，销售人员要及时发现并上报领导，言明利害关系，力争公司上下集中力量补救，而不是相互推诿指责。

其三，当损失于事无补的时候，尽力保持与客户关键人的联系，充分利用各种事件和场合修补双方的关系，并且要有长期的改善措施，徐徐图之以期未来可以重建关系。

六、案例延伸

客户关系的修复，其实是比较难的，有时做好可能不容易，做坏其实就是一件事的过失。因此，维护好良好的客户关系才是关键。然而在销售过程中，也难免不会出现问题，特别是因为价格可能过高而带来的影响；或者原料降价了，但是我们却没有及时与客户沟通；或者质量不稳定、服务不好等问题。因此一旦出现问题，我们该如何修复呢？

（1）找到问题的根源，针对问题提供解决之道，这是一个根本问题，因此解决问题才是上策。

（2）让客户给予一个证明的机会来修复关系，这个证明需要足够的说服力才是修复的重点，例如，质量不稳定，你可以告知，我方的产品可以给更大的企业供货，让他眼见为实，耳听为虚才是关键。

（3）给予某个人感情关怀，让客户一步一步接受你，从而让其逐步转化对你的认识，适当时机给予一点解释的机会，从而让其从内心原谅你，同时给予你再次证明的可能性。

|第十五章|

"葵花宝典"之十四：设置壁垒

> 引言：研究客户对公司的价值贡献度，做好大客户管理，建立大客户的需求分析计划，完善大客户的服务体系，挖掘可能的大客户需求，做好有效的引导，设置一定的技术与商务壁垒，扩大自己的优势。

第一节 经典案例分享："嚣张"总有"收拾" 你的人

一、案例前言

在实际工作中，人们往往只根据一两个因素区分大客户，如根据销售额对大客户进行排序，而忽视了大客户的其他特征，使企业对处于当前同一价值级别的客户一视同仁。而实际上即使当前贡献一样，大客户的社会影响力、行业影响力、重要程度也不一样，而且一些当前价值高的客户的潜在价值并不一定高，一些当前价值较低的客户的潜在价值并不一定低。

因此，要将上述不同类的客户从原有的分类中抽取出来，并根据新的价值标准分类，分配客户资源，制订营销策略。

二、案例背景

2013 年，MB 县钢铁局转发 CZ 市钢铁局关于 2013 年铁路某型号材质管的文件，并明确规定 MB 县所有钢铁局于 2013 年底完成更换工作。

三、组织架构

钢铁局总工：A 总
F 局：B 局长、苗总工
集团常务：丁副总（与 B 局长是对立派）
集团供应：郭经理
供应科长：赵科长
抽采队长：刘队
通风科：赵科长
调度主任：付主任
集团经营副总兼财务总监：F 总

四、案例描述

➤ 信息收集
我通过县钢铁局总工拿到此文件，并邀请由钢铁局牵头带领所属矿领导到我司参观考察，积极推荐，并联系到 F 局 B 局长确定要上此项目。

➤ 深度接触
钢铁局推动此项目后，我了解了此项目的组织机构和主要关键人物。

其中，调度付主任是我多年的朋友，B 局长以前有过业务来往，钢铁局 A 总原来在饭局上吃过饭。

➤ 技术交流，方案确认，高层公关
通过半年的工作协调，县钢铁局 A 总帮助推广，获得 B 局长认可。又邀请苗总参观考察，我从中周旋，请调度付主任、供应赵科长牵线，初步敲定采用不锈钢铁，项目概算为 500 万元。

> 商务谈判，合同签订

钢铁上百万元的订单需走招标程序，经过与相关领导多次协商，几经努力，钢铁方同意分批采购。在 F 总的帮助下，第一批订单顺利交付，并在当月回了款。

> 内部对立，危机初现

第二批订单出现了点问题，计划审批时集团常务丁副总压下计划单，说要了解一下情况。后来了解到丁总和 B 局长是两个对立的利益派，郭经理劝说不可随意出面，成为"牺牲品"。后来找到 B 局长，B 局长生气拍桌子，并让我先不要管了，他来解决。

一周后也没消息，后让刘队催促也无济于事。

> 找对关键人，峰回路转

我仔细想了一下，丁副总和 B 局长可能僵在那里了，必须找人来推动方可有转机，随后我找到了钢铁局 A 总，他安排局里进行检查并督促更换管路进度。B 局长有了理由直接找张董汇报此事，张董同意立即执行。随后第二、第三批等接连签单并送货回款。

五、案例分析

这个案例操作成功源于以下几方面做得非常到位：①信息收集能力较强，关注行业相关政策的发布和执行情况。②执行力强，及时推动并要求钢铁局相关领导来公司参观考察，并落实了具体项目所在。③具有一定的商务运作能力，运用之前的老关系及新发展的关系，将项目决策流程上的人从集团到钢铁厂、技术、采购、决策人、财务人员等，基本一网打尽。④分解订单，规避了公开招标风险。⑤教练找得比较准确，在郭经理的指点下没有盲目介入 B 局长与丁副总的权利斗争。借力打力，借钢铁局 A 总之力来制造压力，借集团张董之手牵制丁副总。最终拿下这个大客户。

六、案例延伸

射人先射马，擒贼先擒王，销售中一定要做好与客户高层的关系，尤其是钢铁行业销售这种关系营销氛围非常浓厚的环境。那么，如何搞定关键客户的高层人物呢？

为了便于陈述，我们将高层公关的八个小技巧分成三大类，分别是磨刀不误砍柴工、借助外力使巧劲、内外同修合作久。

(一) 做好功课，磨刀不误砍柴工

一般来说，高层的信息透明度通常很低。高层的决策习惯、个人偏好、政治背景等，是销售员在发动攻势之前要做好的准备工作。

招数一：你的产品质量和技术要能满足客户的需求。对于高层，切记不能让其担风险。

招数二：有的放矢。找高层就是要让他做决策，所以，在见其之前，技术交流、方案确认、其他中基层操作人员一定要搞定。

(二) 借助外力使巧劲

对客户高层不熟悉时，教练是一个很好的穿针引线的工具，也是一个建立信任感快速拉近关系的桥梁。客户内部的人讲一句好话，比我们自己讲一百句话都管用。

招数三：利用教练，准确、快速了解高层及客户内部信息。例如，分清客户高层内部的派系斗争，不蹚浑水。

招数四：让教练充当教练的角色，协助我们制定搞定高层的行动方案。

招数五：官大一级压死人，借助外力，找比现有决策人位置更高的人来制衡现管人员。

(三) 内外同修合作久

正所谓高处不胜寒，高层也是人，他们也渴望与人交流，更希望结交高人。同时，高层因为他们的收入和地位原因，他们的交际圈子一般都是"上层社会"，所以，高层公关需要业务员修炼好自己的内在素质，找到与客户的共同点。

招数六：投其所好。关注老板的个人爱好和需求，不做无用功。

招数七：获得客户高层对你个人的认可。私交是上策，谄媚、送礼是下策。做他这个圈子的人不会做的平常事，真心去做，有时更能打动高层。

招数八：让客户老板升官发财。与客户达成战略合作伙伴，形成利益上的捆绑。或者在其政治前途上为其添砖加瓦，也不失为一种好方法。

第二节 经典案例分享：紧要关头，拉你一把

一、案例前言

在客户的紧急关头，我们伸手拉客户一把，客户也会感恩于你，给你的报答，往往是你意想不到的，最终双方达到共赢，这不是两全其美的事情吗？以下这个案例，将会告知你这个道理。

二、案例背景

湖北××化工有限公司，年油脂用量 1500 吨左右，由于该客户自己也生产油脂，所以我司只有 TBY、ZYM 等少数产品进入且年用量约 20~30 吨。可以说基本处在空白状态。所以这也是我们比较苦恼的问题。

三、组织架构

分管建筑涂料老总 A：决策者
采购 B：后期发展为教练
工程师 C：后期发展为教练

四、案例描述

➢ 信息收集

2014 年 9 月初我在其他客户处得知该湖北××化工有限公司在下半年连续有几处工地出现问题（使用的所有油脂为客户自己生产，不太稳定）。客户临时以等价（等于市场价 2500 元/吨左右）到 FJK 调油脂 100 吨。

➢ 千载难逢的机会，初步拜访

听闻该客户分管建筑涂料的老总更换了，我感觉机会来了。在 2014 年 9 月中旬我便到该客户处拜访，因为该客户自家油脂出现问题，FJK 的价格提供的又特别离谱（高出市场价太多），新的老总正为这事发愁。

➢ 紧要关头，雪中送炭获得样品试验

我的到来让客户特别高兴，简单地询问了产品性能和价格后（我提供的产品为 FJK 的对应产品，价格比正常市场价格高出 500 元/吨，这是因为该客户自己也做油脂，可以说与我司也是竞争对手），立刻让我送样测试。

➢ 样品通过获得小额订单

测试通过后，在 2014 年 10 月采购了 30 吨，1 月采购了 10 吨。

➢ 双方商定，续签大单

2015 年 2 月，该客户老总亲自给我打电话，要我去商谈 2015 年的合作计划，我到了该客户处，客户谈了关于产品价格偏高的问题。我告诉客户价格可做适当调整，但不知今年准备使用我司多少吨油脂，客户表示使用量不少于 800 吨，且与我司签下了协议，同时介绍了采购 B 与工程师 C 给我认识。之后我分别与采购和工程师单独接触，给予了一定承诺，2015 年 3 月第一次便采购了我司油脂 50 吨，目前一直在正常合作。

五、案例分析

以上案例告诉我们，在我们搞定客户的同时，客户在危难关头，我们也要及时伸出援手拉客户一把，他会怀着感恩的心来回馈于你。在给客户推荐我司的产品时，我们要做到产品质量的优质，技术的专业，让我们成为客户唯一的选择。

六、案例延伸

在案例中，客户给予了我们机会，我们就要不断地提高我们的职业化素质，让客户觉得我们是专业的，把单子放心地交给我们。

|第十六章|

"葵花宝典"之十五：扩大份额

> 引言：建立多层次的人员互访机制，分析对手，建立差异化的竞争优势，不断扩大客户内部的采购份额占比，做好老产品的市场份额扩大，挖掘新产品的市场潜力。

第一节 经典案例分享：敌人的敌人就是朋友

一、案例前言

我们在客户方的销售占比已经很高了，如何能进一步提高？这是很多销售人员绞尽脑汁思考的问题。提高我们的份额就意味着要从主要对手手中"抢食"，困难可想而知，如果我们"引狼入室"，与对手的对手联合去打击现有对手，最终做到提高占比，这是不是一个办法呢？且看下面的案例。

二、案例背景

某低压电器成套厂与我司一直是良好的合作伙伴，2015 年我司销售占比高达 65%。如何进一步扩大我们的占比一直困扰着区域销售人员。

三、组织架构

K 总：客户的老板，最终决策人
S 经理：采购经理，内部教练
M 工：技术工程师，技术教练

四、案例描述

➤ 关系维护，需求挖掘

客户出于供货的价格对比考虑，必须有两家低压电器供应商。通过技术教练 M 工，我们了解到该公司意图引入一家其他的低压电器厂家，通过 M 工，我们也了解到有一家低压电器厂 N 公司，正在和他们接触洽谈。

➤ 方案设计，引狼入室

通过 M 工，我们了解到，客户对两家供货商的占比最大可以是 8∶2 左右，现在我们两家的占比将近 7∶3。针对这一点我们也从采购经理 S 那里得到确认。

为了达到扩大份额的目的，我们有意和 N 公司一起挤出现有对手。

➤ 策略选择，制造矛盾

我们从采购部门入手，利用内部教练安排对现有对手进行问题分析，找出现有对手的问题，发现他们的实力比较弱，因此对回款要求一定比较高，否则企业的生产能力势必受影响。商量之后，我们决定双线出击：

其一，让采购部的相关教练寻找机会，要求对手延长货款，从 3 个月变成 6 个月、9 个月或更长。

其二，我司再从低档产品入手，借助搞活动的方式，在低档产品的价格上适当让利，拼杀现有对手的低档产品。

通过从这两方面下手，将对手的利润拉低并且回款周期拉长。

对手的销售为了加快回款与客户的采购部门发生了一些摩擦，客户 K 总对此非常重视，指定采购经理 S 了解此事。最终客户与这家对手终止了合作，转头确定了我司作为主供应商。

➢ 扩大份额，长期合作

后期跟进的时候采购部经理主动提出，我司还是不错的，而且质量的稳定性比较好，可以适当扩大份额，在接下来的合作中，我司不仅维持了中、高、低产品的搭配，并提升了占有率；考虑到平衡采购体系，客户也引入了 N 公司作为备选供应商，但是新的供应商只占 20%。

今年，双方的合作继续进行，客户持续订货，同时也计划签订战略合作协议，达成双赢的目的。

五、案例分析

本案例中，问题出现在如何在保证现有份额的情况下，打击竞争对手，扩大销售份额。

由于客户的供应商策略，做到独家供货是不可能的。为了扩大份额而持续采用价格战是非常不明智的做法。一句俗语说得好：敌人的敌人就是朋友。智慧的做法是培养一个对手来限制现有的对手。

本案例的另一个启发在于对培养对手的选择，这个对手需要有一定的实力，但不能超过我方的实力，产品覆盖面不能超过我方，也不能和我方有正面的冲突，还要能与现有对手的产品产生对抗。

六、案例延伸

一般在维护上量阶段，我们常常利用以下进攻策略，使份额不断扩大：

其一，利用竞争对手的负面案例，进行问题扩大，不断挤压竞争对手的份额甚至将其挤出供应商名录。

其二，利用独家供应商可能存在的风险，要求分割整体订单，往往能发挥蚂蚁啃骨头的策略来蚕食竞争对手的市场份额。

其三，利用避强击虚的策略，以旁敲侧击的方式来搞迂回，利用竞争对手的薄弱产品来攻击。

其四，利用引狼入室的策略，找到另外一个能够控制的对手或与自己差距比较大的对手，本案例就是利用引狼入室的方式，成功地打击现有的竞争对手。

其五，给予更高的利益策略，让其相关人员获得更高的利益，使其产生更大的动力来帮助我方。

其六，利用垫资供货的策略，给予客户更好的优惠，让其得到更大的实惠，给我方更多的市场份额，当然必须对客户进行选择，否则有风险。

以上六种策略，是维护上量阶段可以使用的策略，必须根据客户的情况而选择使用才能发挥更大的效用。

第二节　经典案例分享：工作做到心坎里

一、案例前言

往往没有经过努力就判断这件事情没有希望了，没有经过付出，谈何回报？要想赢得大单，就要赢得客户的心，只有你真心付出，才会获得同等的真心。客户一旦信任了你，会让你接单接到手软，挡也挡不住。

接下来看看以下的案例，他是如何赢得客户信任的，都快死到悬崖边上了，他是如何挽救客户对他的信任？

二、案例背景

我从 2015 年进入 BF 公司，接到一个非常棘手的客户，主要原因是我司同事传错报价单，把其他客户的报价发给该客户，刚好报价单的价格比我司先前报给该客户的价格低，造成一直不拿货和严重不信任的情况。

三、组织架构

老板 A：决策人

老板娘 B：支持者

四、案例描述

> 信息收集

××建材公司每月建材用量为 10~20 吨，2015 年我接手该客户业务开始，一直都没拿我司产品，后来从交接的同事那里了解到该客户是因为我司在同等级客户的报价中传错报价单。接着我就从该客户的生活中开始着手，了解到客户老板的信息包括日常的行动、喜好、饮食和性格。但是交接的同事告诉我，该 A 老板对我司人员极其不信任，甚至不想交流，而且公司里的技术、采购、财务都要经过他的手才能有结果。

> 深度接触

后来，我每个星期都去该公司 2~3 次，几乎都是陪老板喝茶聊天。我用了 8 个月时间缓和关系，其间我把老板娘的关系也做好了，甚至陪她一起吃饭、拖地、扫地。终于在年底，拿下了 40 吨的订单。我问客户，为什么给我那么多订单。当时老板娘对我说的话就是老板把我当自己人了，不然不会让你在厂里吃饭。听到这句话，我很感动。

> 持续公关，扩大占比

第二年初，客户又给我下了 30 吨订单，几乎是所有份额都给了我，而且现款交易，到后来，连产品动态都跟我透露。

在对手还不知道的情况下，我就已经更改了产品编号，由此给对手设好了防守堡垒。现在我司在该客户的占比是 100%。2016 年的新产品开发也交给我司一起合作，希望能在 2016 年把该客户提上 B 级客户。

五、案例分析

这个案例最终起死回生，而且让竞争对手都不知道自己是怎么死的。这个项目之所以发展得那么顺利，是因为他做到了善于挖掘客户日常上的问题，从客户内心入手，赢得客户的信任，让客户知道你接触他不是为了牟取他的个人利益，而是真正把客户当成朋友，帮助客户解决问题。

六、案例延伸

从以上案例中得出，我们在给客户服务的过程中，要避免常犯的错误以及问题。

（一）实施中常犯的错误

（1）忽视客户内部的人事变动，客户关系出现断档，错失再次合作的机会。

（2）因客户暂时没有新的项目，就疏忽与客户的交流和互动，使得客户关系渐渐冷却下来。

（3）功利心太强，与客户决策人交往都带有明显的目的性，引起客户决策人反感。

（二）常见的问题

1. 客户服务的几个注意事项

（1）保持微笑。

（2）足够的耐心。

（3）主动式服务。

（4）仔细询问与记录。

（5）认真落实客户要求。

（6）结果反馈并跟踪。

2. 常见的抱怨

（1）交付不及时。

（2）标识错误。

（3）对包装与物流不满意。

（4）产品品质不符合约定的要求。

（5）对产生质量问题的原因不认同。

（6）抱怨解决迟缓。

（7）重复出现同类问题。

（8）对客户的重视度不够。

（9）价格偏高。

3. 解决客户投诉问题的十步流程

（1）首问责任制——接到客户投诉的人要一直跟踪到问题解决直到客户满意。

（2）感谢客户让你意识到问题的存在。

（3）用你自己的话重复他们的抱怨，确保清楚了解客户反馈的事实。

（4）询问细节，站在客户的角度去理解问题，并作好记录。

（5）不要打断客户直到抱怨被说出来。

（6）同情、安抚客户。

（7）询问客户的想法（你想要问题如何解决、希望如何补偿）。

（8）承诺解决问题（时间、方式等）。

（9）继续跟进巩固关系（确保问题能够按照客户要求或承诺尽快得到解决、向客户解释问题的原因以及已经做了哪些工作避免问题的再次发生、必要时给些额外的东西）。

（10）采取内部行动，杜绝类似问题再次发生。

4. 挖掘老产品订单潜力的手段

（1）保证日常客户正常的服务需求，最基本的按质、按时、按量交货，对待异常问题的处理速度要及时，态度要积极、务实。

（2）保持高层之间的互访，提高合作高度。

（3）人员关系的维护，选好"教练"，同时也要打点好几个关键部门，如仓库、生产线长、财务、质检等小角色的关系，要做到小投入、高产出。

（4）开展一些增值服务，如管理经营共享、市场信息交流、一些联营活动等，增加双方的互动频率。

（5）保持好新产品的跟踪与接口，老产品预防竞争对手的侵入。

第三节　经典案例分享：勤奋公关终有成

一、案例前言

在营销界有这样一句话："一个成天与客户泡在一起的销售庸才的业绩一定高于整天待在办公室的销售天才。"要想做好销售首先要勤奋（脑勤、眼勤、耳勤、口勤、手勤、腿勤，谓之六勤），这也是一名业务人员必备的素质。

二、案例背景

客户从外地搬迁到我所负责的市场，搬迁前没有使用我司产品，我想借助客户搬迁的机会，打进该客户的供应商体系。

三、组织架构

L 总：该公司负责人，决策人，老板

G 工：技术工程师，公司的技术负责人，决策影响人

Q 工：客户里面其他的相关人员

四、案例描述

> 初次接触，信息收集

××厂由于业务量增加，原厂区已经不能满足产能的增加，厂区就从外地搬到我所负责的区域。经过了解，客户将来可能会采购我们的产品，根据 MAN 原则，是我们的潜在客户，决定立项进行跟进。

第一次进行陌生拜访，见到了老板 L 总。我还没说两句话，L 总说，技术上的事情你去找技术部 G 工。在技术部门，我见到了 G 工，G 工对我甚是冷淡，只说你们尽快提供样品过来吧，我们会安排进行试验。第一次拜访就这样结束了，至少人家没有直接拒绝我。这也算是成功了一小步吧。

> 勤奋公关

我按照客户 G 工的要求将样品快递给他。但是，样品提供之后杳无音信，业务推进陷入困境。因为 G 工在客户公司技术方面有些话语权，我就将 G 工作为首攻对象，将其发展成为我的教练。

为此，我每周都会去 G 工那里坐坐，有时候假装请教一些产品知识、技术性能方面的问题，借此拉近与 G 工的距离。适度的恭维让 G 工对我的好感大大增加。经过 1 个月左右，我对客户的内部状况有了更全面的了解，G 工对我的态度也好了很多，会透露给我一些内部消息。这时我再次提起送样的事情，G 工说，你再送一次吧，我帮你好好做。

> 样品试验

按照客户要求再次提供样品之后，我与 G 工约定了测试时间和项目，在约好的时间内顺利地拿到了测试报告。这次因为有 G 工的帮忙，测试报告出来之后，很快递交到老板 L 总处，我们的产品测试结果会客户的满意程度非常的高。

> 签订合同

拿到测试报告之后，经过 G 工的引荐，顺利地见到了 L 总，L 总也了解我在该企业的前期付出，所以就直接谈了供货价格，在供货合同关键指标上达成了一致。有了老板的认可，我顺利拿到了商务合同。

> 批量供货，逐渐上量

供货之后，我仍然定期去 G 工那里拜访，询问产品使用的情况，并跟踪问题的解决。由于我司产品质量稳定，而且有我的客户服务，客户对我和我司的满意度越来越高，我司产品的销量逐渐增加，占到他们采购量的 40%多。

> 结构调整，增加占比

我想，如何能继续增加份额？现有产品再加有困难，看来只能更换一些产品了。于是，我在拜访 G 工的时候，有意与 G 工探讨了产品升级换代的话题，G 工也很有兴趣。于是我整理了我们各种档次的产品的性能比较，说明更好的产品对客户的产品能带来的好处。G 工看过之后说，可以递交给老板去确定。我说，还是麻烦 G 工根据他们的产品销售状况、产品现状等，结合我的资料重新整理一份报告给老板比较好，这样能显出 G 工的专业度。G 工很高兴。大约过了 2 周，G 工打电话跟我说，老板已经原则上同意了产品升级的事情，现在需要的就是各种测试，需要我提供一些样品做测试。我很快准备好了 G 工需要的产品试样。我司联合客户做了大量的产品配方测试，最终确定了一组新的配方。

客户新产品在正式推向市场的时候，很自然地就选择了我司的产品，这样我司的产品份额在客户案例中又有了增加，目前我司占有客户 70%的份额。

五、案例分析

在该案例当中，整个过程有很强的励志性，从项目推动的角度而言，该项目的教练就是自己"勤奋"的对象。如果从推动项目的角度上而言，我们如果能够在前期真正地找到工程师的需求，可能会比较迅速地把工程师发展成为我们的教练，能够提高项目的成功率。在成交之后，还需要我们不断维持对教练和关键决策人的公关活动，保持客户关键人对我方的倾向性。产品稳定性好、客户服务好，这是维持销量并且上量的基础。

六、案例延伸

关于销售人员的勤奋，我们认为应该做到以下几个方面：

1. 勤学习

（1）学习产品知识，本行业的知识、同类产品的知识。这样知己知彼，才能以一个"专业"的销售人员的姿态出现在客户面前，才能赢得客户的依赖。

（2）学习、接受行业外的其他知识。就像文艺、体育、政治等都应不断汲取，这些都是与客户聊天的素材。哪有那么多的工作上的事情要谈，你不烦他还烦呢。工作的事情几分钟就谈完了，谈完了怎么办，不能冷场啊，找话题，投其所好，他喜欢什么就和他聊什么。

（3）学习管理知识。这是对自己的提高，我们不能总停止在现有的水平上。你要对这个市场的客户进行管理。针对销售人员如何进行有效的管理，如何针对不同的市场进行分析并且有针对性地开发管理。换个角度说，他们全是给我们打工的，管理好了，给我们多一些份额，我们的销售业绩就上去了。

2. 勤拜访

一定要有吃苦耐劳的精神。业务人员就是"铜头、铁嘴、橡皮肚子、飞毛腿"。

（1）"铜头"——经常碰壁，碰了不怕，敢于再碰。

（2）"铁嘴"——敢说，会说。会说和能说是不一样的。能说是指这个人喜欢说话，滔滔不绝；而会说是指话虽少但有内容，能说到点子上，所以我们应做到既敢说又会说。

（3）"橡皮肚子"——常受讥讽，受气，所以要学会宽容，自我调节。

（4）"飞毛腿"——不用说了，就是六勤里的"腿勤"。而且行动要快，客户有问题了，打电话给你，你就要以最快的速度在第一时间赶到，争取他还没放下电话，我们就已经敲门了。勤拜访的好处是与客户的关系一直保持良好，不至于过几天不去他就把你给忘了。哪怕有事亲自去不了，也要打电话给他，加深他对你的印象。另外，我们要安排好行程路线，达到怎样去最省时、省力，提高工作效率。

3. 勤动脑

就是要勤思考，遇到棘手的问题，仔细想一下问题出现的根源是什么，然后有根据地制定解决方案。销售工作中常存在一些假象：有时客户表面上很好，很爽快，让你心情很好地离开，可是你等吧，再也没有消息了。有时表面上对我们很不友好，甚至把我们赶出去，我们可能因此不敢再去拜访。这是因为我们没有分清到底是什么原因，所以我们一定要静下心来，冷静思考，才不会被误导。

4. 勤沟通

人常说："当局者迷"，所以我们要经常与领导和同事交流沟通，自己市场的问题，别人的市场可能同样存在，了解他们是如何解决的，也许经过领导和同事的指点，你会恍然大悟，找到解决问题的办法，共同提高。

5. 勤总结

有总结才能有所提高，无论是成功还是失败，其经验和教训都值得我们总结，成功的经验可以移植，失败的教训不会让我们重蹈覆辙。

|第十七章|

"葵花宝典"之十六：战略协议

> **引言：** 明确客户中长期的战略规划，找出可能的战略合作机会点，不断扩大合作的空间，力争达成双方满意的、长期合作的战略协议。

第一节 经典案例分享：稍纵即逝的机会

一、案例前言

我们在客户方的销售占比已经很高了，如何能进一步提高占比或者双方形成战略合作？这是很多销售人员绞尽脑汁思考的问题。"销售机会无处不在"，就看能不能抓住这"稍纵即逝"的机会。

下面的案例，就是分享一次春游带来的销售上量的机会。

二、案例背景

某油漆厂与我司一直是良好的合作伙伴，2015 年我司现有产品的销售占比已经高达95%。如何进一步扩大我们的占比一直困扰着区域销售人员。

三、组织架构

Z部长：采购部部长，内部教练

M工：水性漆技术工程师，技术教练

N工：油性漆技术负责人

四、案例描述

> 关系维护，需求挖掘

2015年4月，Z部长邀请我与家属一起去附近春游。当时同行的除了油漆厂采购部所有人员外，还有附近区域的销售人员，主要是在江南某省，这些销售经理与Z部长关系很好。

在春游的过程中，我与同游的其他人打成一片，了解到他们大部分都是油性木器漆的销售，同时也了解到，江南某省已经禁止家具厂使用油性油漆，油漆厂的同行已经开始卖水性木器漆了。

我知道我们上量的机会来了。

> 技术引导，方案确认

我跟Z部长说，我们也有水性木器漆乳液。Z部长很惊讶：那你回头去找技术部说一下。Z部长说可以跟技术部先打个招呼。

春游后，我带了我司的技术人员及区域销售经理共同与客户的技术部门做了技术交流并回答了他们提出的技术问题。通过技术交流，对方技术部门非常认可我司及我司的产品。

同时，我方技术工程师从旁加了点积极的建议，客户技术部最终确认我司的建议配方。

> 扩大份额，长期合作

经过配方调试，首批下单200千克小批试用，油漆厂的产品在其客户方得到了确认。在试用过程中，我不定期拜访客户，积极反馈客户意见，我司积极回应并解决问题。因此，油漆厂对我司的产品及公司产生了很好的信任度，从开始小批量使用，到增加我司的销量，现在我司已与客户形成了战略供货，每年的产品供货量占客户同类产品订货总量的 50% 以上。

五、案例分析

本案例之中，在现有份额已经很高的情况下，如何找到新的增长点是关键。新的增长点不一定是现有产品的销售量增加，更有可能的是产品销售类型的变化及产品结构的优化。

本案例对我们的启发在于：其一，机会随时有，就看能否辨识并抓住机会；其二，机会抓住了，能否转化成合作订单，需要销售人员与内部团队通力合作，共同做客户相关人员的工作，使其对我方产生倾向并确认。

六、案例延伸

（一）一般让客户进一步上量，扩大市场份额常用的四个策略

（1）同一个品种，让其市场份额扩大，例如从 20% 的份额扩大到 50%。

（2）增加新品种的方式，在老品种已经占有一定比例的基础之上，进一步进行技术交流或技术引导，让其了解并尝试新品种，从而扩大市场占比。

（3）建立战略合作，有的客户如果能够签订长期战略合作的方式，可以让我司进一步提升市场份额。

（4）创造新的模式，例如，不要单纯卖产品，而是卖服务，客户购买产品之后，是否需要技术培训、技术学习、技术授证等，可以产生增值价值。

（二）我们将与大客户的关系发展分为五个阶段

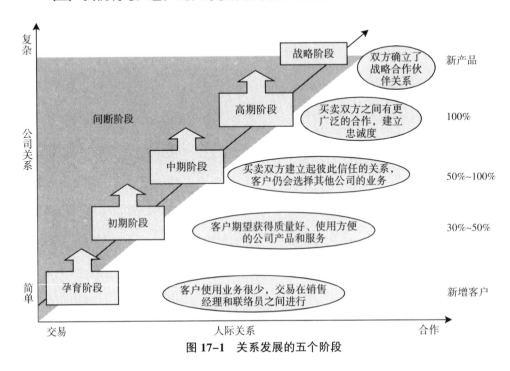

图 17-1　关系发展的五个阶段

第二节　经典案例分享：七年三跨越

一、案例前言

我们与客户形成合同关系，意味着我们与客户之间的关系维护进入到一个新的层次。销售人员的工作重心将转移到以关系维护和销售上量为主，其目的是最终形成与客户的战略合作关系并稳定维持。

如何从小订单到大订单，如何从一次合作到持续合作，我们来看看下面的案例。

二、案例背景

该客户初期组织架构较简单，我司较容易取得客户的认可，随着客户的发展，规模增大，内部人员和内部关系越来越复杂。其间，经历了关系人的来来往往，经过我的努力，历经 7 年，双方关系经受住了考验。

三、案例描述及组织架构

> 第一步：项目交流，最终入围

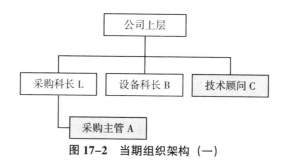

图 17-2　当期组织架构（一）

首先搞定项目负责人，也是技术顾问的 C。通过交流互动，得到其技术上的认可。因为设备科长 B 没有明显参与的意向，所以交流过程中也没有经过设备科长 B，而直接与其下属的采购主管 A 接触，最终搞定了采购主管 A。

当年成交金额 100 万元。由于金额较小，所以采购主管 A 直接下单及签约成交，并未涉及公司上层的参与。

> 第二步：两年之后，成交翻番

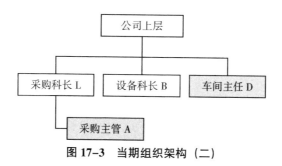

图 17-3　当期组织架构（二）

由于当年客户的组织架构发生了变化，我们确定首先搞定车间主任 D，经过交流得到了其技术上的认可。此时，设备科长 B 仍没有表现出明显的参与倾向，所以中间依旧未经过设备科长 B。我们按照老办法与采购主管 A 合作。由于同样未涉及公司上层的参与，所以还是由采购主管 A 直接下单并签约成交。当年成交金额达到了 200 万元。

➤ 第三步：大项目实现大跨越

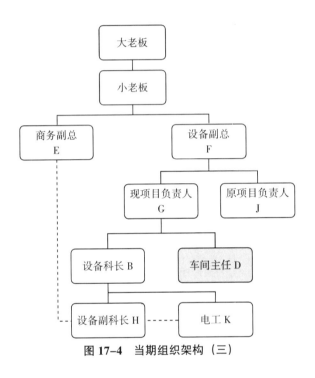

图 17-4　当期组织架构（三）

2012 年本人曾协同朋友陪同设备副总 F、原项目负责人 J、设备科长 B、车间主任 D 等人，进行了为期一周的国内多个实地的现场调研。其后，历经两年时间的跟踪，我得知某一大项目已经开始正式实施了，并且了解到方案中还有三家竞争对手会参与。

车间主任 D 依旧暗中在支持我司。但我分析，由于此项目太大，D 主任那里会出现心有余而力不足的情况。设备副总 F 于 2012 年调走了现项目负责人 G，换上了原项目负责人 J，但 J 最终于 2013 年被公司调离项目负责人岗位，G 又被公司调回到了原先的项目负责人位置。由此分析：副总 F 与项目 G 不是一条线上的。

于是，我找到设备副总 F 交流，F 副总表示可以先与项目负责人 G 交流一下。随后我马上找项目负责人 G 交流，但 G 表示对专业技术掌握得不高，只是安排了设备科长 B 与我进行交流。B 科长表示项目还早，具体情况待以后需要时再联系，完全以敷衍的态度了事。看来，暂时还无法开展下一步的工作。

但刚刚过了一星期，突然接到对方的通知：设备副科长 H 和电工 K 临时来我司进行实地考察，考察的重点是公司规模。我们通过关系了解到：设备副科长 H 和电工 K 是由小老板下令商务副总 E 直接派出去的考察人员。虽然是临时通知，但我司依旧做好了准备，迎接客户的考察，客户在我司考察后，对我司的状况感到很满意。

后来，我们还了解到，就在来我司的前一天，上述两位还考察了一家原本不在方案内的竞争对手公司，竞争对手的公司规模要比我司的规模大，但其专业技术优势要明显弱于我司。虽然又出现一个竞争对手，但我司由于与客户的合作时间较长，与客户的关系不错，尤其是与副总 F、车间主任 D 的关系较好，最终意向合同金额约 500 万元。

四、案例分析

本案例中，初期，客户的组织比较简单，容易判断关键人物。成单金额较小，与关键人物层级较低不无关系。随着关系的推进，成交金额不断放大，待到意向金额足够的时候，客户高层将是我们公关的重点，也是最终成为战略合作的关键。

五、案例延伸

大客户关系发展的五个阶段中，每个阶段都有相应的应对措施，如下：

1. 孕育阶段应对措施

（1）加强销售经理与客户联系人的关系，必要时双方高层领导进行会晤。

（2）深入了解客户购买决策的流程，防止采购中的一个环节会影响一个流程。

（3）树立公司品牌，强调公司企业各方面的优势。

（4）确立销售经理在客户心中的地位，应选择有一定销售背景、资深的销售经理。

2. 初期阶段应对措施

（1）深入了解竞争对手对客户的各项营销策略，并有针对性地提出应对措施。

（2）努力成为死党，提升客户关系，建立私交，多方面获取信息。

（3）锲而不舍，发扬钉子精神，不以事小而不为。

（4）提高产品性能、质量及使用维护的方便性。

（5）避免销售经理的频繁更换，选派有一定销售经验的销售经理。

3. 中期阶段应对措施

（1）为客户度身定制专业的解决方案，引导需求。

（2）一对一开展个性化、亲情化服务，让客户安心、顺心、舒心。

（3）定期召开大客户例会，加强对大客户的培训、服务、技术交流等，如设备维护、网络维护、公司专业知识培训等。

4. 伙伴阶段应对措施

（1）成立大客户俱乐部，加强与客户多层面的交流，提高与客户沟通的层次。

（2）提供解决方案，引导需求。

（3）建立品牌信任，提高产品质量、服务水平，增强客户对企业的信任和依赖。

5. 战略阶段应对措施

（1）加强多方面合作，实现双赢，资源互补，可以和一些企业共同开展一些业务，将客户与公司的关系从服务对象上升为合作伙伴。

（2）换位思考、为客户着想，不断提升客户价值。

（3）高层紧密互动。

（4）向客户发放大客户 VIP 卡等，使客户感受到自身价值的提升。

| 后记

"葵花宝典"的精髓

一、为什么要写这本书

在工业品企业的销售部门，大多是项目经理掌握着公司的大订单，人在，项目在，人不在，项目无影踪，公司承受着巨大的风险。最关键的是：他们不会把销售技能真心实意地传授给新进来的销售人员，公司没法做到销售经验的复制和传递。

还有些企业往往缺乏对营销过程的分析，无法按照系统化的流程来管理自己的团队，经常听到销售人员抱怨。

以上这些问题是我们企业在销售管理过程中经常遇到的，而且是难以解决的。而这些问题都是由于企业无法对销售管理进行管控造成的。那么，企业遇到这些问题该如何解决？这就是"葵花宝典"存在的价值和目的。经过研究，我们提炼出"葵花宝典"的系统管理方法，该方法可以有效地帮助销售人员快速提升销售技能，也能够帮助销售人员对项目进行有效跟踪。

二、葵花宝典的精髓和特点

1. 体系化和标准化

我们整理的"葵花宝典"是按照销售管理的重要性及落地执行的合理性等完整的体系结构设计的，力图给大家提供一套销售技能提升的系统解决方法，同时基于实用性也给读者设计出可执行的标准化步骤。

2. 案例生动化

"葵花宝典"的另一特色是"案例分享""实战总结"，这部分来自笔者十几年营销生涯中的亲身经历及咨询和培训工作中的心得和体会，可以加深对笔者主要观点的理解。

3. 使用实战化

"葵花宝典"介绍了一系列实用性较强的方法、工具和技巧。作为实操性的方法，我们重点突出解决细节问题的方案和程序，力图达到实际、实用、实操、实效的效果。因此，我们认为"葵花宝典"是企业销售管理层和营销人员都可以直接使用的操作性指导宝典。

三、"葵花宝典"与"天龙八部"的区别

功能	葵花宝典	天龙八部
定位上	方法、技能策略	流程、管理方法
结构上	是天龙八部里的一个辅助模块	是一个营销管理系统
使用上	销售人员开拓业务时使用	管理人员及销售人员共同配合使用
目的性上	为了帮助业务人员更好地完成业务	为了帮助管理人员及销售人员共同把销售管理做好
逻辑性上	"葵花宝典"强调的是：如何做好	"天龙八部"强调的是：为什么要做这一步？为何而做

四、总结

改革开放以后，中国工业品企业呈现出"百花齐放、百家争鸣"的局面，同时行业竞争也进入春秋战国时代，从原来的高利润、简单管理进入现在的低利润、复杂管理的阶段，那么如何在现阶段保持原有经营单元的盈利性，是企业面临的新课题。全球500强大企业纷纷进入中国，中国企业走向国际化的步伐不断加快，越来越多的企业开始到国际市场上参与竞争，例如，海尔式的自有品牌的国际化、TCL通过收购外国品牌进行品牌的国际化、联想收购IBM的PC业务等对中国企业来说也是一种从价格到价值的尝试。但是，扪心自问，大部分的企业能够提供差异化和创新的产品吗？能够成为行业技术标准制定者吗？能够提升产品的新价值吗？能够把价格低的优良产品卖出去吗？能够把核心产品之外的价值体现出来吗？值得让人深思啊！

在全球经济一体化的进程中，许多产品都深深地打上了"中国制造"的烙印，我们还是在扮演全球加工厂的角色，所以，商品卖不了好的价钱；而且，国

内的工业发展起步比较晚，只有不到 60 年，国外至少有 200 年以上，甚至还有 400 多年的，基础与科技含量不同，决定了商品中的附加价值少，价格自然也就成为主要的问题了。在中国工业发展的进程中，长期以来，企业的销售力受到计划经济与关系营销的两大约束，其成长速度比较缓慢，因为大家思考的不是提升销售力，而是计划控制在谁的手中，谁是有决策权的人，拍板的人有什么爱好，关系怎么做可以更好，这才是关键，甚至有许多老板都认为："不管白猫、黑猫，抓住老鼠（只要搞定订单），就是好猫（销售精英）。"因此，销售人员在本身的职业化能力、销售力、产品力上面下的功夫自然就比较少了，特别是有些行业呈现出销售人员低文化低素质的现象，当然，自 20 世纪 80 年代末以来，市场逐步开放，整体的销售力在不断上升也是事实。

然而，随着市场营销观念的兴起，客户在市场中的位置已经发生了改变，他们从市场的被动者变成了市场的主动者。运用项目作为对接销售的方式的占比正在缓缓上升，成为工业品销售行业的主打方式。在工业品行业当中，工业品销售是以整个项目来进行的，包括客户的采购和供应商企业内部的销售也是以项目的形式来进行的。工业品行业项目决策始终贯彻一个中心——"以客户为中心"。大客户一般需要的不仅仅是提供现有产品，大多是根据他们的需求及潜在问题研发新产品。因此，销售涉及的更多的属于项目范畴。终端客户的需求开发，往往由项目开发中心引导需求，技术支持中心提供深入挖掘，研发中心提供技术实现，项目签单后，移交项目实施部门，客户服务部门进行后续维护。这样的项目开发，对于我们销售人员的销售能力要求是非常高的。而"葵花宝典"的诞生，就是为了解决这个问题，这也是它存在的价值。

毋庸置疑，在这个变革的时代，许多公司的一线销售代表面临着一系列的改变，需要应对的销售策略更快速地革新。这就需要：人手一本销售案例指导——"葵花宝典"参考。最后，希望本书能够带给大家一些真正意义上的提升能力的帮助，也让我们更有动力筹划下一本书。

工业品营销研究院

工业品营销研究院始创于 1999 年，是中国第一家专注于工业品行业营销咨询培训的专业顾问机构，是中国工业品营销咨询与培训的领航者，也是中国第一家上市的咨询培训公司，服务项目涉及工业品营销咨询、营销培训、行业传媒、软件、产业联盟等服务，实现线上、线下相结合的产品服务模式。

公司成立以来，一直专注为国内外工业品企业提供专业化的营销解决方案，涉及工业自动化、工程机械、化工、建筑工程、客车、中央空调等近30000 家工业品企业，为其提供专业的营销咨询与培训服务。

未来 5 年，IMSC 将打造第一家工业品营销领域的商学院——"中国工业品营销商学院"。

2015 年，工业品营销研究院与上海灵希文化传播股份有限公司联合创立了工业商学院：针对工业品企业，打造营销知识体系最系统、最丰富、最专业的 E-learning 学习平台：

（1）该平台将依托国内工业最权威的研究、最懂企业课程采购痛点的平台——工业品营销研究院。

（2）该平台是聚合了 1 万名企业总经理、5 万名销售经理、10 万名销售人员的最专业的商学院平台。

（3）该平台的营销系列课程众多，累计开班 300 多期，开设了 500 门以上的课程主题，并以每年更新 100 门的速度充实产品。

（4）该平台拥有深厚的讲师资源，来自世界 500 强或国内细分领域的、从事 10 年以上的工业背景的培训专家。

同时，该平台实现了：众多工业营销人"学习+财富二合一"的社区平台；优秀职业培训师"培训+粉丝二合一"的吸粉平台；广大工业企业主"省钱+人脉二合一"的资源平台。

除此之外，该平台将重点推出 PSM 工业品营销业务过程管控软件。该软件根据工业品业务流程而设计，还可以根据每家企业自身的业务流程及模式进行个性化调整，最终帮助工业企业提升项目签单量，降低管控营销费用，合理分配资源。企业使用该软件还可以随时了解销售数量及进展，辅助调整优化销售策略，为企业最大化提高销售成功率。该 PSM 业务过程管控软件拥有四大价值：

（1）客户管理：客户资料和销售日志全留底；销售过程可视化；提升客户资源利用率；做好客户划分与分析；客户管理与策略制定。

（2）过程管理：控制销售阶段与里程碑；销售工作过程精细管理；信息到回款全流程管理；销售诊断与预测管理；提升项目签单成功率。

（3）协同管理：销售人员知识体系；团队运营效能提升；合理利用资源；高层协同。

（4）运行管理：降低管控的营销费用；让费用与业务有效结合；做好知识体系的管理；降低培训成本；做好营销团队的运行优化。

PSM 业务过程管控软件整合了 20 多位工业品营销资深专家的经验、吸取了上千家企业的营销管理者的营销管理经验，所以其不同于以往的管理手段，其是一套实战的、科学的、有效的营销管理体系，尤其是营销人员、营销管理者能够更加高效、精准工作的导航仪。企业未来的竞争不再是谁更勤奋、更努力的竞争，而是谁能掌握更加先进的管理思想、运作体系，并且将这些思想在企业中有效落地、有效执行。

最后，中国工业品营销商学院也为个人会员打造了利益共享机制：如果报名成为个人会员，将可以建立校友网络提升工业品营销能力；共享汇集名师直播录播知识体系；提供实战案例宝典对接工业上下游人脉；参与网络评选、你问我答、礼拜商城、众筹书籍等精彩纷呈的活动等。

关注我们：

（工业品营销研究院）　　　　　　　　　　（工业商学院）

工业品营销研究院

联系方式：

总　　　机：021-68885005

业务咨询：400 920 6062

公司网站：www.china-imsc.com